Dr. Johannes Wimmer

STARK DURCH DIE KRISE

Mein 30-Tage Kurs

 # INHALT

Vorwort

Ein paar einführende Worte für dich.

Krisen sind in unserem Leben allgegenwärtig. Und egal, wie sehr wir uns auch anstrengen, wie viel Mühe wir uns auch geben – den meisten Schicksalsschlägen können wir leider nicht entgehen. Sie passieren einfach. Manchmal mit unserem Zutun, meistens ohne.

Wenn du dich vom Titel dieses Buches angesprochen gefühlt hast, befindest du dich vermutlich auch gerade in einer solchen schwierigen Phase deines Lebens. Vielleicht steckst du gerade in einer schlimmen Ehekrise oder bist frisch getrennt. Oder du hast deinen Job verloren und weißt nicht mehr, wie du künftig die Miete zahlen sollst. Vielleicht hast du aber auch jemanden verloren, den oder die du sehr geliebt hast. Und glaub mir: Ich weiß, wie weh das tut. Ich weiß, wie es sich anfühlt, wenn dir der Boden unter den Füßen weggerissen wird und es dich innerlich zerreißt. Wenn du plötzlich dastehst und nicht mehr weißt, was du fühlen, denken und tun sollst. Und vor allem: wie du die Krise auflösen und das fiese Schicksal bekämpfen sollst. Denn mal ehrlich: Wenn du erst mal drinsteckst, steckst du drin. Bis zu den Knien. Und manchmal sogar bis zum Hals. Und alles, woran du denken kannst, ist: Wieso hab ich das nicht kommen sehen? Warum passiert das ausgerechnet mir? Hätte ich das verhindern können?

Fakt ist: Auf diese Fragen wirst du wahrscheinlich niemals eine zufriedenstellende Antwort bekommen. Und auch an dem Grund für deine Krise kannst du mit ziemlicher Sicherheit nichts mehr ändern. Die Dinge sind, wie sie sind, auch wenn das gerade wahnsinnig wehtut. Aber es gibt auch etwas, an dem du dich festhalten kannst: Denn DU kannst bestimmen, wie die Reise weitergeht. DU hast es in der Hand! Ja, das Schicksal pfeffert dir die Karten auf den Tisch – aber du bist dem dir ausgeteilten Blatt nicht ausgeliefert. Du kannst die Karten aufsammeln, neu sortieren und schauen, was du damit anfangen kannst. Und ja, vielleicht sind ein paar miese Karten dabei, aber womöglich steckt auch ein Herzass oder ein Joker in dem Kartenhaufen, der dir ausgeteilt wurde! Und nicht vergessen: Auch mit ein paar schlechten Karten kann man immer noch eine Straße legen.

Mit diesem Buch möchte ich dich einladen, dein Leben anzupacken und den Kartenstapel mutig aufzudecken. Denn das ist tausendmal besser, als in Schockstarre zu verharren und zu hoffen, dass sich alles von allein wieder einrenkt. Denn auch wenn ich es dir von Herzen wünschen würde – es wird nicht „einfach so" alles „wieder gut". Da kommt niemand, der die Karten für dich sortiert. Das wirst du allein machen müssen, denn es ist dein Leben. Aber ich kann dir versprechen: Wenn du die ersten Runden durchgestanden hast, läuft das Spiel irgendwann wieder. Dann ist die Krise nicht vergessen, aber ausgestanden. Versprochen!

In den kommenden vier Wochen werden wir jeden Tag „voneinander lesen" und den Weg aus der Krise gemeinsam gehen. Ich werde dir einige Dinge rund um das Thema Lebenskrisen erklären, dir ein paar persönliche Details aus meiner Krisenvergangenheit erzählen, aber auch Denk-anstöße und kleine Übungen an die Hand geben, mit denen du heraus-finden kannst, wie du deine Krise durchstehen kannst. Wie du daran wachsen kannst und – ganz wichtig – wie du über dich hinauswachsen kannst. Denn das ist das Tolle an Krisen: Am Ende machen sie uns stärker.

Also: nur Mut!

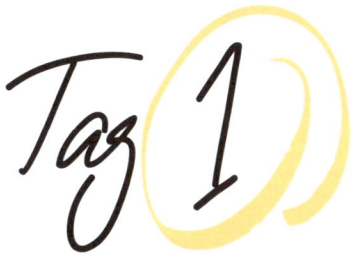

Tag 1

Hallo, ich freue mich, dass du da bist. Toll, dass du dich dazu entschlossen hast, deine Krise anzugehen.

Natürlich kann ich nicht wissen, in welcher Krise du gerade steckst. Oder ob du sie vielleicht noch vor dir hast, aber bereits erkannt hast, dass da was auf dich zukommt. Die berühmten dunklen Wolken am Horizont. Vielleicht steckt auch eine Freundin oder ein Freund gerade mittendrin und du bist ratlos, wie du ihr oder ihm helfen könntest. Egal, aus welchem Grund du dir dieses Buch gekauft hast, in den nächsten 30 Tagen wirst du lernen, Krisen besser zu verstehen, und erfahren, wie du die Sache durchstehst, ohne daran zu zerbrechen.

Wie schwer das ist, weiß ich aus eigener Erfahrung. Ich habe erlebt, was es bedeutet, in einer persönlichen Krise zu stecken, was so eine Krise mit einem macht und wie schwer es ist, da wieder rauszukommen. Man könnte sogar sagen: Mit Schicksalsschlägen kenne ich mich aus. Ich habe als Kind meinen Vater verloren und als Vater mein Kind. Ich weiß also genau, wie es ist, wenn gerade noch alles ganz normal war, du dein Leben gelebt hast, den Alltag mit all seinen schönen Dingen und natürlich auch seinen Sorgen gestaltet hast – und wie dann „zack" dieses Leben, wie du es kennst, innerhalb eines einzigen Moments vorbei ist.

Denn in diesem einen Moment verändert sich alles. Dein Leben, deine Zukunft, du selbst. Und zwar schlagartig. Du bist dann nicht mehr der gleiche Mensch wie vorher. Gerade noch war ich ein ganz normaler Familienvater, der sich darum gesorgt hat, dass frische Windeln, ein Extraschnuller und Feuchttücher in der Wickeltasche sind – und dann sitzt du plötzlich im Wartebereich eines Krankenhauses und bist eine neue Version von dir selbst. Dann bist du auf einmal Vater eines kleinen Mädchens, das sich unzähligen Operationen unterziehen und um ihr Leben kämpfen muss.

Es kann aber natürlich genauso gut passieren, dass du auf einmal vor dem finanziellen Ruin stehst. Eben warst du noch erfolgreicher Unternehmer oder Chefin einer Firma und plötzlich geht alles den Bach herunter und du kämpfst und tust alles, um das Ruder noch einmal herumzureißen. Aber trotzdem ist er jetzt da, der Punkt, an dem du merkst, es gibt keinen Ausweg mehr.

Vielleicht stehst du aber auch gerade in dem Haus oder der Wohnung, die du dein halbes Leben mit deinem Partner oder deiner Partnerin geteilt hast, und merkst, dass deine Beziehung vorbei ist. Weil keine Liebe mehr da ist, weil du belogen oder betrogen wurdest. Oder weil dein Herzensmensch nicht mehr lebt.

Oder dir ist vielleicht auch gar kein „Schicksalsschlag" widerfahren, aber du stellst in letzter Zeit immer wieder fest, dass das Leben so, wie du es bisher gelebt hast, gar nicht das Leben war, das du leben wolltest.

Egal, wie dir das Schicksal auch mitspielt: Wenn die Faust des Universums zuschlägt, gerät dein Leben aus den Fugen. Und dann kommt irgendwann der Moment, an dem du nur noch hoffst, dass auf magische Weise alles wieder so wird wie früher, dass ein Wunder geschieht. Kennst du das?

Doch in so einer Zeit ist es eigentlich schon ein kleines Wunder, wenn du überhaupt noch klar denken kannst. Denn wenn dir das Leben so große Steine in den Weg legt, ist es ehrlich gesagt ziemlich schwer, überhaupt noch einen vernünftigen Gedanken zu fassen. Denn da ist die Angst. Nicht irgendeine Angst, sondern eine existenzielle, lähmende Angst. Und ganz ehrlich, meistens weißt du überhaupt nicht mehr, wie es eigentlich weitergehen soll.

Gerade wenn uns geliebte Menschen verlassen, ist es einfach immer furchtbar. Wenn sie ohne Vorwarnung gehen oder viel zu früh sterben, durch eine schlimme Krankheit oder durch einen Unfall – dann ist das einfach heftig. Ich würde sogar sagen, traumatisch. So etwas vergisst du nie.

Aber so ist nun mal der Lauf des Lebens. Schlimme Dinge passieren. Und zwar uns allen. Dir und mir. Man kann ihnen nicht aus dem Weg gehen, man kann hoffen, beten und wünschen, so viel man möchte – und manchmal funktioniert es sogar, denn gerade in der Medizin gibt es ja immer auch eine Chance, eine Erkrankung zu überstehen und wieder gesund zu werden – aber ganz, ganz oft gibt es leider kein Happy End und keinen Weg zurück zur Normalität. Ich weiß, es ist ganz, ganz schlimm, das so laut auszusprechen. Aber so ist es nun mal mit den großen Krisen des Lebens. Wenn du erst mal mittendrin steckst, musst du es akzeptieren, annehmen und mit dem klarkommen und arbeiten, was du hast. Auch wenn es in dem Moment vielleicht nicht viel ist.

In solchen Zeiten Hilfe anzunehmen, ist schwer. Das fängt damit an, dass einem plötzlich alle reinreden, gerne ungefragt, und natürlich genau wissen, was man zu tun und besser zu lassen hat. Wie man sich fühlen soll. Was man sagen soll.

Ich weiß noch genau, wie damals, während der ersten OP unserer Tochter, die Krankenhausseelsorgerin auf uns zukam. Sie wollte uns beistehen, uns helfen. Aber ich bin erst mal ganz instinktiv in Abwehrhaltung gegangen. „Danke, wir brauchen nichts." Da war ich wirklich schroff, das muss ich zugeben. Dass sie eine durchaus kompetente Frau war, die einfach nur für uns da sein wollte, habe ich in dem Moment zwar verstanden, aber ich war so von der Rolle, dass ich wirklich etwas unhöflich geworden bin. Einfach, weil ich so viel Angst hatte, meine Gedanken und Emotionen kaum unter Kontrolle hatte und so verzweifelt auf eine Nachricht der Chirurgen gewartet habe, wie die Operation ausgegangen ist.

Zum Glück hat uns die Frau unsere Zurückweisung nicht übel genommen, also zumindest nicht sichtlich, und uns trotzdem zu einem Gespräch überredet. Das war nicht einfach für meine Frau und mich. Aber am Ende war es gut, dass wir uns darauf eingelassen haben, denn sie hatte einen wirklich wertvollen Tipp für uns, mit der unerwarteten, neuen Situation zurechtzukommen. Das war das Einrichten einer Whats-App-Gruppe für unsere Familien und Freunde. Du bist nämlich sonst nur noch dabei, irgendwelche Nachrichten zu kopieren und innerhalb der Familie weiterzuleiten, und das frisst nicht nur Zeit, sondern auch Kraft, und die brauchst du in deiner Krise.

In den kommenden Wochen möchte ich dir helfen, mit deiner persönlichen Krise umzugehen, denn wir können lernen, uns wieder zu stabilisieren, damit uns das Schicksal nicht umpustet. Ich verrate dir, wie ich es geschafft habe, meine Karten neu zu sortieren. Meine ganz persönlichen Strategien, auch für die schweren Stunden. Einige dieser hilfreichen Tipps habe ich von meinen Krisenbegleitern bekommen, viele habe ich mir aber auch im Laufe meiner beruflichen Laufbahn angeeignet. Andere sind gängige Übungen aus der modernen Psychologie.

Im Laufe des Buches erwarten dich längere Einheiten, in denen wir etwas mehr in die Tiefe gehen. Da nehmen wir uns einfach mal die Zeit, um auf ein Thema intensiver einzugehen, etwa auf die verschiedenen Arten von Krisen, die im Laufe unseres Lebens auf uns zukommen können. Wir werden aber auch über die verschiedenen Phasen von Krisen sprechen, über innere Stärke, Resilienz und natürlich auch über die Neuorientierung nach einer Krise. Und darauf, das verspreche ich dir, kannst du dich heute schon freuen. Das wird gut!

Manche nennen so was Coaching, andere Seminar oder Kurs. Für mich ist es ganz einfach das, was es ist: füreinander da sein. Ich bin für dich da. Ich muss allerdings noch einmal ganz deutlich sagen, dass dieses Buch und dieses Coaching keinen therapeutischen Anspruch haben, sondern lediglich Impulse liefern, wie du deine Situation besser verstehen und lernen kannst, mit ihr umzugehen. Es ersetzt also keinen Arztbesuch oder keine Sitzung mit einem Therapeuten oder einer Therapeutin. Es ist Zeit, die wir zusammen verbringen. Ich bin quasi dein ganz persönlicher Krisenbegleiter. Wir gehen den Weg zusammen: du und ich.

Und apropos „du" – falls du dich fragst, warum ich dich hier nicht sieze, ganz einfach: Für mich sitzen wir beide hier nicht als Mediziner und

Patientin oder Patient, sondern so, wie ich mit Freunden zusammensitzen würde. Ich teile hier ja auch meine persönlichen Erfahrungen, aus meinem Leben, meinem Alltag, meinen Krisen und natürlich auch aus meiner Zeit, in der ich anderen Menschen helfen durfte. Und genau aus diesem Grund möchte ich mit dir hier auch so sprechen, wie ich es mit meinen guten Freunden tun würde, wenn mich jemand um Rat fragt.

In den kommenden Wochen werde ich dich immer wieder bitten, dir etwas Zeit zu nehmen, innezuhalten und aufzuschreiben, was dich gerade bewegt, was in dir vorgeht, was dir wehtut.Ich weiß, das ist schmerzhaft. Aber im Grunde genommen ist es so wie bei einem aufgeschürften Knie. Man muss die Wunde erst säubern und desinfizieren, bevor das Pflaster drauf und die Haut wieder heilen kann. Und das Säubern der Wunde kann eben auch mal wehtun.

Für heute gibt es aber erst mal nur eine ganz kleine Aufgabe, die garantiert nicht schmerzhaft wird: Nimm dir heute Abend mal wieder ein paar Stunden Zeit für dich. Sag alle Verpflichtungen ab, schalt dein Smartphone aus, organisier dir dein Lieblingsessen, einen guten Film oder ein tolles Buch. Tu dir etwas Gutes und versuch ein bisschen zur Ruhe zu kommen. Gerade in Krisenzeiten ist es wichtig, die Kräfte einzuteilen und ganz besonders liebevoll für sich zu sorgen – und heute fängst du damit an.

Bis morgen!

Heute wollen wir gemeinsam
ins Thema einsteigen.

Wie gesagt: Ich weiß natürlich nicht, warum du dir dieses Buch gekauft hast, welche Krise du gerade durchmachst und was dich gerade alles durchschüttelt. Aber das ist heute auch noch gar nicht so wichtig. Denn heute wollen wir erst mal darüber sprechen, was eine Krise eigentlich ist.

Viele von uns benutzen den Begriff ja ganz gerne mal im Zusammenhang mit dem Satz: „Oh Mann, ich glaub, ich krieg 'ne Krise." Gerne auch mal in Kombination mit Haareraufen und einem schönen theatralischen Seufzer. Zum Beispiel, wenn die Kinder mal wieder im Wohnzimmer Fußball spielen und Oma Ernas teure Vase zerdeppern. Oder wenn der Chef kurz vor Feierabend noch mit einem Riesenstapel Arbeit um die Ecke kommt, der unbedingt heute noch erledigt werden muss. Das ist natürlich alles nicht schön, da kann man schon mal sauer, traurig, wütend oder ratlos sein, aber mit ernsten Krisen haben diese Ereignisse natürlich nichts zu tun. Aber womit dann? Wann ist eine Krise eine Krise?

Schauen wir uns doch erst mal das Wort an: Krise. Der Begriff stammt aus dem Griechischen und bedeutet so viel wie Unsicherheit, bedenkliche Lage, Zuspitzung, Entscheidung oder auch Wendepunkt. Hahahaha, das finde ich eigentlich alles ganz passend und fühle mich da sofort an einige Krisen erinnert. Denn wenn man eine Krise hat, dann ist die Lage definitiv unsicher und bedenklich – und vor allem ist die Krise ein Wendepunkt im Leben.

Apropos Wendepunkt: Früher hat man den Begriff in ähnlicher Form sogar in der Medizin verwendet, für den Höhe- und Wendepunkt des Krankheitsgeschehens. Was ich besonders spannend finde, ist jedoch ein Blick in die chinesische Sprache, denn dort besteht das Wort Krise gleich aus zwei Schriftzeichen. Das erste bedeutet „Gefahr". Klingt auch logisch. Aber das zweite, das bedeutet „Chance". Und das klingt doch zur Abwechslung mal nach einem richtigen Lichtblick, findest du nicht? Und das Tolle ist, dass du im Laufe dieses Coachings immer wieder feststellen wirst, dass es auch absolut Sinn macht, Krisen als Chance zu betrachten. Aber dazu kommen wir noch. Erst mal zurück zum Thema.

Was wissen wir noch über Krisen? Wir wissen, dass sie allgegenwärtig sind. Sie passieren ständig, auf der ganzen Welt. In jedem Moment schlittert irgendjemand in eine schlimme Krise. Einzelpersonen, aber auch Gruppen, Familien oder ganze Bevölkerungen – oder, wie im Fall der Coronapandemie, sogar die ganze Welt. Und es kann jede und jeden von uns jederzeit erwischen, und leider auch unsere Herzensmenschen. So ist nämlich das Leben und das ist leider nicht immer fair.

Und trotzdem, obwohl wir wissen, dass es uns alle jederzeit erwischen kann, glauben viele Menschen immer noch, sie könnten Krisen entgehen, wenn sie immer alles im Griff haben, wenn sie versuchen, alles und jeden zu kontrollieren. Wenn sie supervorsichtig sind und ja immer alles nach Plan läuft. Wenn man alles schön vorhersehbar gestaltet, keine Risiken eingeht und artig um alle Hindernisse im Spiel des Lebens herumfährt. Ich muss da ja immer an diesen Hütchenparcours auf dem Schulhof denken, den man früher in der Grundschule abfahren musste, wenn man den Fahrradführerschein machen wollte. Immer schön um die Hütchen herumkurven, noch einmal über die Wippe fahren, und geschafft. Puh. Aber das Leben ist leider kein Parcours.

Und genauso wenig, wie uns der Parcours von damals ein Leben lang davor beschützt, irgendwann doch mal einen Unfall zu haben, so schützt uns leider auch der allerbeste Plan nicht vor den großen Krisen des Lebens. Die passieren einfach, ob wir wollen oder nicht. Wir können sie meistens nicht vermeiden, auch nicht, wenn wir immer brav und artig sind, wenn wir immer positiv denken oder jeden Tag zu Gott, Allah oder Buddha beten, in die Kirche oder einen Tempel gehen, wenn wir Gutes tun oder uns ehrenamtlich engagieren. Das ist zwar alles super, aber es kann uns nicht vor Schlimmem beschützen, so leid es mir tut. Das müssen wir einfach akzeptieren. Ich musste das auch akzeptieren und das war hart.

Ein paar Krisen können wir nicht umgehen, weil sie quasi in unserer Biografie vorangelegt sind. Da schlittern wir praktisch unausweichlich darauf zu. Dazu gehören die Pubertät und für Frauen die Menopause. Aber auch der Auszug aus dem Elternhaus, der Übergang zwischen Schule und Ausbildung, Studium und dem Eintritt ins Berufsleben, die Gründung einer eigenen Familie. In diesen Momenten geraten viele Menschen in eine Krise, denn dabei handelt es sich um große, wichtige Einschnitte im Leben, die ordentlich Veränderung mit sich bringen. Danach ist nämlich alles anders als davor, es gibt also ein ganz klares Vorher und ein ganz klares Nachher. Und ganz wichtig: Es gibt meistens kein Zurück mehr. Du steckst mittendrin, ob du nun willst oder nicht. Und deine Lebensumstände werden so radikal über den Haufen geworfen, dass danach alles anders ist. Und auch du bist anders und veränderst dich.

Aber ganz wichtig: Diese Lebenseinschnitte können zu einer Krise führen, sie müssen es aber nicht. Wir reagieren nämlich alle unterschiedlich. Denn ob wir ein Ereignis als bedrohlich empfinden, hängt von uns selbst ab. Wir alle schätzen neue Situationen unterschiedlich ein. Ein Beispiel: der Auszug aus dem Elternhaus. Die einen stürmen raus ins Leben, rufen laut Hurra und stürzen sich in die frisch gewonnene Freiheit. Die anderen ziehen mit gemischten Gefühlen aus, haben vielleicht sogar Angst und sitzen dann plötzlich allein in einer neuen Stadt und fühlen sich hundeelend.

Vielleicht befindest du dich gerade auch in einer solchen Veränderungskrise, so nennt man die großen Einschnitte im Leben, die wir alle immer wieder durchmachen. Es gibt aber auch noch weitere Krisen, in die wir geraten können, die unterschiedliche Namen haben. Manchmal prallen auch mehrere davon aufeinander, was dann natürlich zum absoluten Durcheinander führen kann. Drei davon möchte ich heute etwas intensiver mit dir besprechen, weil sie sehr häufig vorkommen.

DIE VERÄNDERUNGSKRISE

Diese Form der Krise habe ich eben im Prinzip schon angesprochen. In eine Veränderungskrise gelangen wir immer dann, wenn wir in einen neuen Lebensabschnitt übergehen, der uns eine neue Rolle schenkt oder uns eine Rolle wegnimmt. Darunter kann der Start des Studiums fallen, aber auch eine Trennung, eine Scheidung, der Eintritt ins Rentenalter oder aber auch ein Umzug in eine neue Stadt. Selbst eigentlich schöne Veränderungen, wie die Geburt eines Kindes oder eine Hochzeit, können eine Veränderungskrise hervorrufen. Wieso, ist klar: Wenn wir einer großen Veränderung begegnen, verändert sich auch unsere Identität. Im besten Fall gewinnen wir auf ganzer Linie, aber vielleicht verlieren wir auch einen Teil unserer Identität. Die Geburt eines Kindes ist dafür ein gutes Beispiel: Eben war man noch Karo und Christian – und plötzlich ist man auch noch – und zwar in erster Linie – Mama und Papa. Vorher war man ein Liebespaar, aber plötzlich ist man Familie, Eltern, hat neue Aufgaben, Pflichten und Sorgen, verliert aber auch jede Menge Freiheiten. Und da muss man sich natürlich erst mal reinfinden. Die Person, die man vorher war, ist man dann nämlich nicht mehr. Und dieser Verlust der Identität ist ein heftiger Bruch. Es ist ein Ende. Der Mensch, der man war, ist nicht mehr da. Man muss sich neu finden und erfinden. Und das fällt der einen Person total leicht, während es eine andere völlig aus der Bahn wirft, hinein in eine tiefe Identitätskrise, in der man sich plötzlich fragt: Moment mal, wer bin ich eigentlich?

DIE BILANZKRISE

Von Bilanzkrisen hast du sicher auch schon mal gehört: Die berühmteste unter ihnen ist die gute alte Midlife-Crisis, die man vor allem Männern um die 50 ganz gerne mal unterstellt. Dann heißt es immer: Jaja, der hat jetzt seine Midlife-Crisis, kauft sich einen Sportwagen – und damit ist die Sache scheinbar geklärt. Aber so einfach, wie es mit Klischees ist, läuft es nun mal im echten Leben nicht. Denn tatsächlich können nicht nur Klischeekerle mit dickem Bankkonto eine Midlife-Crisis bekommen, sondern natürlich alle Menschen und alle Geschlechter, die meisten um die 50, aber sie kann auch schon früher kommen, in den 30ern. Viele Menschen kommen nämlich irgendwann an einen Punkt in ihrem Leben, an dem sie Bilanz ziehen und sich fragen: Moment mal, ist das Leben, das ich führe, eigentlich das Leben, das ich will? Bin ich hier am richtigen Platz? Bin ich der Mensch, der ich sein will? Und neben diesen Fragen wird uns plötzlich auch noch bewusst, dass wir älter werden, dass das Leben endlich ist, dass die erste Lebenshälfte schon vorbei ist – und vor allem, dass wir nicht mehr ewig Zeit haben, um das Ruder noch mal herumzureißen, uns neu zu orientieren und vielleicht etwas ganz anderes zu machen. Und das macht Angst. Und das ist ja auch nachvollziehbar: Während wir in den 20ern und 30ern noch die Möglichkeit hatten, uns auszuprobieren, sitzen wir mit Mitte 40 oder Mitte 50 auf einem ganz anderen Stuhl. Wir sind älter, werden langsam faltig und tragen deutlich mehr Verantwortung, oft auch für andere, zum Beispiel für Kinder oder pflegebedürftige Angehörige. Da kommt man nicht mehr so einfach raus – und das kann einem schon mal Angst einjagen und zu einer waschechten Lebenskrise führen. Tja, und dann wären da noch …

DIE EXISTENZIELLEN KRISEN

Sie treffen uns fast immer völlig unerwartet, von einem Moment auf den anderen. Wenn wir zum Beispiel beim Arzt oder der Ärztin sitzen und plötzlich eine lebensbedrohliche Krankheit diagnostiziert wird, wenn wir einen schweren Unfall haben, eine Naturkatastrophe erleben oder wenn die wirtschaftliche Lebensgrundlage in Gefahr gerät. Also wenn es an die eigene Existenz geht.

Dazu gehört auch der Verlust eines geliebten Menschen, so wie es bei mir war. Und auch eine Trennung kann von einer Veränderungskrise zu einer existenziellen Krise werden. Verliert man plötzlich sein ganzes Leben, Haus, Hof, die Liebe seines Lebens, kann das die Welt, die gerade eben noch in Ordnung war, ins Chaos stürzen. Und diese existenziellen Krisen können massive Angst und heftige Reaktionen auslösen. Man fühlt sich allein, ausgeliefert, hilflos. Und je größer das Gefühl der Hilflosigkeit, umso radikaler, umso schlimmer kann die Reaktion ausfallen. Einfach weil man der festen Überzeugung ist, dass das Leben nie wieder gut wird.

Falls du gerade in einer solchen Krise steckst, kennst du diese Gedanken vielleicht. Und vielleicht hast du auch schon mal gedacht, dass das Leben keinen Sinn mehr macht. Wenn dir die Situation ausweglos erscheint oder alles so wehtut, dass du glaubst, dass du es nicht mehr aushalten kannst. Glaub mir, mit solchen Gefühlen bist du nicht allein, so geht es vielen Menschen. Und es gibt auch keinen Grund, sich für diese Gefühle zu schämen.

Aber wenn es dir auch gerade so geht und du merkst, dass du vielleicht auch darüber nachdenkst, dir das Leben zu nehmen, dann solltest du dir umgehend Hilfe holen. Zum Beispiel bei der Telefonseelsorge unter der Nummer 0800 111 01 11 oder 0800 111 02 22, bei einer psychologischen Beratungsstelle, bei deinem Hausarzt oder deiner Ärztin und im Notfall im nächsten Krankenhaus oder unter der Notrufnummer 112. Es ist wirklich okay, um Hilfe zu bitten, wenn es dir schlecht geht. Und wenn du erst mal nur jemanden zum Reden brauchst, anonym und ganz unverbindlich: Die Kolleginnen und Kollegen bei der Telefonseelsorge sind da wirklich genau die Richtigen.

So, und damit kommen wir auch schon zum Ende der heutigen Einheit. Heute hast du ein paar Krisen kennengelernt, die in Fachbüchern oft unterschiedlich benannt werden oder auch noch kleinteiliger aufgedröselt werden, was wir hier aber nicht machen wollen. Wir haben ja schon festgestellt, dass jede Krise anders ist und die Übergänge oft fließend sind. Doch egal, in welcher Situation du dich auch gerade befindest: Du steckst drin und es tut weh – und das ist echt beschissen. Aber es ist wichtig, dass du dich jetzt aktiv daranmachst, aus diesem Loch, aus dieser Schockstarre wieder herauszukommen.

Und jetzt kommt auch noch mal eine gute Nachricht: Du hast dir dieses Buch gekauft, um dir Hilfe zu holen, das bedeutet, dass du den ersten Schritt raus aus der Krise schon gemacht hast. Wie du es schaffen kannst, dich weiter aufzurappeln und deine Krise besser zu verstehen, werde ich dir in den kommenden 28 Tagen mit Übungen und Impulsen zeigen. Mir persönlich haben diese kleinen Denkanstöße wahnsinnig geholfen, sie helfen mir auch heute noch und ich hoffe, sie können auch dich zurück auf die Beine bringen. Gemeinsam schaffen wir das.

Bis morgen!

Tag 3

*Heute wollen wir erst mal eine kleine
Bestandsaufnahme machen.*

Gestern hast du bereits einiges über die verschiedenen Krisenarten, die
es so gibt, erfahren: die Veränderungskrise, die Bilanz- beziehungsweise
Midlife-Krise und die existenzielle Krise. Also die Veränderungskrise als
„Ich weiß gar nicht mehr so richtig, wer ich bin"-Krise, die „Das soll alles
in meinem Leben gewesen sein?"-Midlife-Crisis und die „Es geht mir an
die Existenz"-Krise.

Jetzt atmest du erst mal tief durch und stellst dir vor, du schaust dir
einen Film an. Die Kamera schwebt hoch über den Wolken und bewegt
sich dann langsam hinunter Richtung Haus, in dem du wohnst, immer
weiter, bis du dich selbst am Tisch sitzen siehst. Das ist die sogenannte
Außenperspektive von deinem Leben. Du siehst diesen Menschen und
beschreibst nun, was du beobachtest, anhand von drei Fragen:

- WARUM GEHT ES DIESER PERSON NICHT GUT?
- WELCHES PROBLEM ODER WELCHE HERAUSFORDERUNG
  MACHT DIESEM MENSCHEN GERADE ZU SCHAFFEN?
- WELCHE ART VON KRISE KÖNNTE DAHINTERSTECKEN?

Ich weiß, das aufzuschreiben, kann wehtun. Sogar sehr. Aber die Krise
anzunehmen und sie beim Namen zu nennen, ist der erste Schritt, um
sich emotional für die kommenden Wochen zu wappnen.

Stell dir vor, du schaust dir einen Film an. Die Kamera schwebt hoch
über den Wolken und bewegt sich dann langsam Richtung Haus,
in dem du wohnst. Immer weiter, bis du dich selbst am Tisch sitzen
siehst. Nun betrachtest du dein Leben von außen. Schau dir den
Menschen bitte einmal ganz genau an und beschreib, was du fühlst
und beobachtest, und zwar anhand der folgenden Fragen.
Wenn du fertig bist, lässt du das alles am besten erst mal in Ruhe sacken
und tust etwas, das dir guttut. Für heute hast du es geschafft!

WARUM GEHT ES DIESER PERSON NICHT GUT?

WELCHES PROBLEM ODER WELCHE HERAUSFORDERUNG
MACHT DIESEM MENSCHEN GERADE ZU SCHAFFEN?

WELCHE ART VON KRISE KÖNNTE DAHINTERSTECKEN?

Mein Tipp

*Du kannst natürlich auch die Perspektive wechseln
und in der Ich-Form schreiben.*

Tag 4

In stürmischen Zeiten ist eine Verbindung zu anderen Menschen ganz besonders wichtig.

Überleg dir doch mal: Wer könnte dein Krisenbegleiter oder deine -begleiterin sein? Gibt es jemanden, dem du dich ehrlich anvertrauen kannst? Mit dem du offen reden kannst? Das können natürlich Freunde und Familie sein, sofern diese nicht Teil des Problems sind, aber vielleicht auch jemand, der das Gleiche durchgemacht und gut bewältigt hat, oder jemand, der dir in einer bestimmten Sache Rat geben kann.

Wenn du zum Beispiel Sorge um deine wirtschaftliche Existenz hast – ich sage nur Steuernachzahlungen, Monatsabrechnungen oder was auch immer –, dann könntest du einen Freund oder vielleicht sogar einen Nachbarn fragen, der sich damit gut auskennt und dir hilft, deine Belege zu ordnen. Wenn du vor einer Scheidung stehst, kannst du vielleicht eine gute Freundin fragen, die das auch schon durchgemacht hat. Nicht nur in Sachen Bewältigung, also wie du damit umzugehen lernen kannst, sondern auch aus ganz praktischer Perspektive, zum Beispiel, wenn es darum geht, einen Rechtsbeistand zu finden.

Solche Menschen können in der Zeit der Krise gute Wegbegleiter sein, die du um Rat fragen kannst, die aber auch einfach nur für dich da sind und dir neue Perspektiven aufzeigen. Und glaub mir, fragen lohnt sich, denn andere wissen ja nicht, was du gerade brauchst. Sie können ja keine Gedanken lesen. Also fass dir ein Herz und frag ganz offen nach der Unterstützung, die du brauchst.

Mein persönlicher Tipp: Such dir Menschen, die nicht den Hang dazu haben, alles zu dramatisieren, oder die dir permanent erzählen, dass du am Ende bist. Das ist nämlich das Letzte, was du gerade brauchst.

Aber ganz wichtig: Diese Menschen sind Begleiter! Sie sind nicht dafür verantwortlich, dich zu retten und all deine Probleme zu lösen. Das kann niemand für dich tun, nur du selbst. Du allein trägst die Verantwortung für deine Situation. Aber helfende Hände sind willkommen.

Auf das Aufgabenblatt kannst du potenzielle Wegbegleiter eintragen. Gerne auch den Bereich, in dem sie dir vielleicht mit besonderem Wissen oder Fähigkeiten weiterhelfen können.

Wenn dir gerade niemand einfällt, vielleicht auch, weil du so intime Gedanken nicht beziehungsweise noch nicht teilen möchtest, kann es auch helfen, eine unbeteiligte Person als Krisenbegleiter zu wählen. Das kann ein Psychotherapeut sein oder, wenn es dir richtig schlecht geht, auch jemand von der Telefonseelsorge. In jeder deutschen Stadt gibt es auch psychologische Beratungsstellen, Beratungsstellen für Ehe-, Familien- und Lebensfragen. Und auch dein Hausarzt oder deine Hausärztin können dir weiterhelfen, was die Vermittlung von Hilfe angeht. Auf dem Aufgabenblatt kannst du deine Begleiter notieren, du findest aber auch die Nummer der Telefonseelsorge darauf.

Wer könnte dein Krisenbegleiter oder deine -begleiterin sein?
Gibt es jemanden, dem du dich ehrlich anvertrauen und mit dem du
offen reden kannst? Gut geeignet sind Menschen, die du gern hast, die
das Gleiche durchgemacht und gut bewältigt haben, oder jemand, der
dir in einer bestimmten Sache fachlichen Rat geben kann. Notier alle
Menschen, die dir einfallen, und ergänze, wenn möglich, wie sie dir
konkret beistehen könnten, etwa als emotionale Stütze, als Einkaufshilfe,
als Betreuung für deine Kinder oder als Beratung in Finanzfragen.

NAME DER WEGBEGLEITER*IN   KANN MIR HELFEN BEI …

_____   _____
_____   _____
_____   _____
_____   _____
_____   _____
_____   _____
_____   _____
_____   _____
_____   _____
_____   _____
_____   _____
_____   _____
_____   _____
_____   _____

Wenn dir gerade niemand einfällt oder du deine Gedanken nicht beziehungsweise noch nicht mit einem Freund oder einer Freundin teilen möchtest, kannst du unbeteiligte Personen ins Boot holen.

Psychotherapeuten findest du z. B. über den Patientenservice:
www.116117.de

Schnell und unkompliziert hilft die Telefonseelsorge:
www.telefonseelsorge.de
Anonyme, kostenlose Beratung zu jeder Tages- und Nachtzeit unter den bundesweiten Telefonnummern
0800 – 11 10 111 oder **0800 – 11 10 222**

Verzichte auf Menschen, die den Hang haben, alles zu dramatisieren, oder die dir permanent erzählen, dass du echt am Ende bist. Das ist das Letzte, was du jetzt brauchst.

Tag 5

Der erste Impuls, wenn alles zusammenbricht, ist,
immer zurück zum Vorher zu wollen.

Wir haben ja anfangs schon darüber gesprochen, dass es in Krisen ein ganz klares Vorher und somit natürlich auch ein Nachher gibt. Mit allen Mitteln zurück in die Vergangenheit, dahin, wo die Welt noch in Ordnung war. Als man den Job noch hatte, als der Partner oder die Partnerin sich noch nicht getrennt hatte, als die schlimme Diagnose noch nicht ausgesprochen war, als man noch wusste, wer man war. Als man noch glücklich war.

Aber es ist wichtig, zu akzeptieren, dass es unmöglich ist, in die Vergangenheit zu reisen. Wir haben nun mal keine Zeitmaschine im Keller rumstehen und somit auch leider keine andere Wahl, als das, was jetzt ist, zu akzeptieren und zu gestalten. Auch wenn das unendlich wehtut, glaub mir, ich kann das wirklich gut nachvollziehen. Doch je eher wir unsere aktuelle Situation ganz bewusst annehmen und akzeptieren, desto eher können wir die Vergangenheit, also das Vorher, loslassen und uns um das kümmern, was wir gestalten können, das Nachher. Ich weiß, den Satz „Du musst loslassen" hast du vielleicht schon tausendmal gehört und gelesen, ich auch, aber es ist wichtig, damit wir vorankommen.

„Loslassen" ist übrigens nicht zu verwechseln mit „vergessen". Unsere Vergangenheit gehört ja zu uns. Aber sie ist eben das, was sie ist: Vergangenheit.

Auf der übernächsten Seite findest du viele freie Zeilen. Und auf diesen wollen wir heute Abschied nehmen. Wir erinnern uns ganz bewusst an die vergangene Zeit, aber wir verpflichten uns gleichzeitig dazu, ganz bewusst anzuerkennen, dass dieser Abschnitt unseres Lebens unwiederbringlich zu einem Ende gekommen ist. Wir erkennen die Realität an, auch wenn es wehtut und uns vielleicht noch viel zu viel durch den Kopf fliegt. Ich weiß, wie schwer das ist, aber wir müssen Abschied nehmen, du musst Abschied nehmen, denn von allein wird das nicht passieren.

Ganz wichtig: Bitte sei beim Abschiednehmen ehrlich zu dir selbst. Auch wenn es wehtut und dir deine innere Stimme immer noch einreden möchte, dass schon alles wieder gut wird. Du verdienst diesen Abschied, also pack es an und fass das Unausweichliche einmal in Worte. Auf der übernächsten Seite findest du den Satzanfang „Ich nehme Abschied von …". Mögliche Antworten könnten zum Beispiel diese hier sein:

- MEINER EHE, MEINER BEZIEHUNG
- DIESER WOHNUNG, DIESER STADT, MEINER HEIMAT
- VON DIESER KARRIERE, DIESEM JOB
- VON DEM TOLLEN SEX MIT XY
- VON DER MÖGLICHKEIT, NOCH EINMAL EIN GESPRÄCH MIT XY ZU FÜHREN
- VON DER MÖGLICHKEIT, DASS MIR XY VERZEIHT

- VON DER IDEE, NOCH JUNG ZU SEIN
- VON DER ANNAHME, KÖRPERLICH GESUND ZU SEIN
- VON DER HOFFNUNG, WIEDER GESUND ZU WERDEN

Ich weiß, das ist hart. Glaub mir, auch ich musste Abschied nehmen, nicht nur einmal. Das Schwerste war, von der Hoffnung Abschied zu nehmen, dass meine Tochter wieder gesund wird. Und ich kann mich noch gut daran erinnern, wie weh es getan hat, das auszusprechen, wie schlimm das war. Aber hat man es sich einmal ganz bewusst gemacht und angenommen, ist ein unglaublich wichtiger Schritt getan. Bei mir war es so, dass ich dann alle Kraft auf die Pflege zu Hause, aber auch auf den Wunsch, jeden Tag einen besonders schönen Moment mit der kleinen Maus und der Familie zu gestalten, richten konnte.

Wenn dir, während du schreibst und dich verabschiedest, ein paar Tränen kommen, ist das vollkommen okay. Abschiednehmen darf wehtun. Ideal wäre es, wenn du diese Aufgabe auf einem separaten Zettel machst, diesen Zettel zusammenfaltest und in einen Briefumschlag steckst. Und dann legst du ihn sicher ab, vielleicht in einem Pappkarton oder in einer Schublade. Du legst ihn quasi symbolisch zu den Akten und kannst das auch gerne einmal aussprechen, wenn du möchtest. Und dann machst du am besten etwas, das dir guttut und dich auf andere Gedanken bringt. Du kannst aber auch die freien Zeilen auf der nächsten Seite nutzen.

So, aber jetzt geht es ans Schreiben. ♡
Du schaffst das, nur Mut!

Heute wollen wir Abschied nehmen. Wir erinnern uns ganz bewusst an die vergangene Zeit, aber wir verpflichten uns gleichzeitig auch dazu, anzuerkennen, dass dieser Abschnitt unseres Lebens unwiederbringlich vorbei ist. Auch wenn es wehtut. Ich weiß, das ist sehr, sehr schwer, aber du musst einmal ganz bewusst Abschied nehmen, denn von allein wird das nicht passieren.

Darum formulier es einmal ganz klar aus:
Wovon nimmst du Abschied? Schreib dir alles von der Seele, notier alles, was dir in den Kopf kommt. Alles, was du loslassen musst und möchtest.

ICH NEHME ABSCHIED VON ...

_____

_____

_____

_____

_____

_____

_____

_____

_____

_____

_____

_____

Tag 6

Heute geht es ums Aufräumen.

Du hast vielleicht auch schon mal von der Marie-Kondo-Methode gehört, das ist die Aufräum-Queen, die es in den letzten Jahren dank Netflix zu weltweiter Berühmtheit geschafft hat. Ihr Aufräummotto ist relativ simpel. Wenn man zum Beispiel seinen Kleiderschrank oder den Dachboden ausmistet, soll man sich bei jedem Teil fragen: „Macht mich das glücklich?" Wenn ja: behalten. Wenn nein: weg damit, verschenken, weitergeben. Keine Panik, nun sollst du natürlich nicht anfangen, deinen Dachboden auszumisten. Aber jetzt, wo du so viel mit dir selbst zu tun hast, macht es Sinn, eine kurze Bestandsaufnahme bei deinen Verpflichtungen zu machen.

Viele von uns rasen nämlich förmlich von Termin zu Termin, von Aufgabe zu Aufgabe: montags Buchclub, dienstags Sprachkurs, mittwochs Yoga, donnerstags Kirchenchor, freitags Abendessen bei den Müllers, samstags Grillen auf dem Sportplatz, sonntags zu den Eltern ... Und dann sind da ja auch noch die ganzen anderen Verpflichtungen: Job, Haushalt, Termine des Partners oder der Partnerin und der Kinder. Puh, da ist man ganz schön beschäftigt, hat aber leider null Zeit, sich mit sich selbst auseinanderzusetzen.

Stattdessen wird man von Tag zu Tag ausgelaugter – und weiß am Ende gar nicht mehr, wohin mit all den Emotionen, weil man den ganzen Tag nur funktioniert hat. Irgendwie hat sich den Tag über dann alles nur auf einer Art Gefühlskonto angesammelt, aber nicht abgebaut.

Mir hat es darum, als sich meine Welt von einem Tag auf den anderen auf den Kopf gestellt hat, geholfen, einmal kurz eine Bestandsaufnahme meiner ganzen Aufgaben, Pflichten und Termine zu machen. Und dann habe ich radikal gestrichen, was mich in meiner akuten Situation zusätzlich belastet oder nicht weiterbringt. Aber auch unterstrichen, was mir guttut. Was mir hilft. In meinem Fall war es zum Beispiel eine Runde mit dem Hund gehen oder das Reiten. Egal, wie dreckig es mir geht: Jedes Mal, wenn ich ein, zwei Stunden mit den Pferden verbringe, geht es mir emotional viel, viel besser. Das ist Zeit, die ich mir manchmal regelrecht erkämpfen muss, da es eigentlich noch so viele andere Dinge gibt, die wichtig oder wichtiger sind. Aber der Kontakt zu den Tieren tut mir einfach gut, er stärkt mich von innen und beruhigt mich. Ich bin danach wieder belastbarer, entspannter und mehr für andere da.

Das heißt natürlich nicht, dass du jetzt unbedingt reiten gehen sollst. Und ich will auch niemanden ermuntern, vor der eigenen Krise wegzulaufen und sich bei den Pferden im Stall zu verstecken, das führt zu nichts. Es geht darum, herauszufinden, was dir Energie raubt – und wo du neue Power herbekommst, was dich stärkt.

So, aber nimm dir jetzt erst mal die Zeit und schreib in das Aufgabenblatt einmal all deine Verpflichtungen auf, von Montag bis Sonntag. Und dann unterstreich alles, was dich aktuell belastet, mit einem roten Filzstift, und alles, was dich entlastet und stärkt, mit einem grünen Filzstift.

Und wenn du keine bunten Stifte hast, kein Problem, dann schreibst du einfach ein Minus und ein Plus daneben oder ein Kreuz und einen Haken.

Und danach machst du es wie Marie Kondo: weg damit. Melde dich bei all deinen Verpflichtungen, die dich belasten, ab. Und sag jetzt nicht: „Das ist aber nicht möglich, das geht nicht." Die meisten Dinge laufen auch ohne dich, keine Sorge. Bei deinem Chorleiter, bei deinem Buchclub, bei deinem Kurs in der Volkshochschule meldest du dich ab – mit ganz netten und unverbindlichen Worten: „Hey, bei mir ist gerade einiges los, ich bin in den kommenden Wochen nicht mehr dabei. Melde mich, wenn es bei mir wieder entspannter ist." Du musst ihnen weder von deiner Midlife-Crisis erzählen noch davon, dass du trauerst oder dass deine Ehe in die Brüche gegangen ist, es sei denn, du möchtest es. Das entscheidest du.

Und ich verspreche dir: Niemand wird sauer sein, wenn du mal eine Pause machst. Aus eigener Erfahrung kann ich dir sagen, dass die Menschen mitfühlender sind, als wir glauben. So, und wenn auch ein paar positive Dinge auf der Liste stehen: Versuch, sie trotz Krise weiterzuverfolgen. So, wie es bei mir das Reiten ist.

Notier alle Aufgaben, Pflichten und regelmäßigen Termine in deinem Wochenplan. Danach unterstreichst du alles, was dich aktuell belastet, mit einem roten Filzstift und alles, was dich stärkt, mit einem grünen Filzstift. Alles, was danach im roten Bereich landet, solltest du in nächster Zeit von deinem Terminplan streichen. Das ist total in Ordnung und es wird dir garantiert niemand übel nehmen. An den grünen Punkten solltest du festhalten: Sie stärken dir den Rücken.

Mein Tipp

Wenn du keine bunten Stifte hast, kein Problem, dann kennzeichnest du die Punkte einfach mit einem Minus oder einem Plus, einem Kreuz oder einem Häkchen.

BITTE UMBLÄTTERN ;-)

MEINE VERPFLICHTUNGEN

GRÜN: GIBT MIR KRAFT   **ROT:** LASS ICH LIEBER

MONTAG	DIENSTAG	MITTWOCH

DONNERSTAG	FREITAG	SAMSTAG	SONNTAG

Es ist wichtig, unnötige Belastungen und Verpflichtungen,
die du nicht unbedingt einhalten musst, loszulassen.

Das bedeutet aber natürlich nicht, dass du jetzt den ganzen Tag auf dem Sofa sitzen, dich einigeln und grübeln sollst. Im Gegenteil:

Versuch, dir jeden Tag etwas vorzunehmen. Nicht im Sinne von Hobbys oder Verabredungen, sondern Kleinigkeiten, man könnte sie auch kleine Highlights deines Tages nennen. Für mich ist so ein Highlight, jeden Tag eine große Runde mit meinem Hund zu gehen. Dann komme ich raus, tanke frische Luft und Vitamin D und tue etwas für mich. Vor allem spüre ich aber, wie gut mir das tut.

Vielleicht setzt du dir auch so ein kleines Ziel, wie jeden Tag eine Stunde rauszugehen oder eine halbe. Oder das Ziel, täglich 20 Minuten zu meditieren, täglich Yoga zu machen oder täglich eine Viertelstunde Tagebuch zu schreiben. Es kann aber auch etwas ganz anderes sein. Ich finde es zum Beispiel total super, ein Kartenspiel auf dem Handy zu spielen. Das ist mit schönen Erinnerungen an frühere Kartenrunden verbunden und ich bin mit einer großen Runde nach etwa 20 Minuten durch und bleibe nicht dran kleben wie bei anderen Spielen. Und es tut mir gut, ohne dass ich viel dafür tun muss – und ich werde auch noch täglich besser darin und gewinne sogar ab und zu eine Runde – hallo, Glücksgefühle.

Das Tolle ist, kleine Ziele zu erreichen. Denn das schüttet echte Glücksgefühle aus. Toll, oder?

WELCHES KLEINE ZIEL MÖCHTEST DU DIR SETZEN?

Worauf hast du Lust? Was könnte dir guttun? Am besten sind kleine Aktivitäten, bei denen du in Bewegung kommst. Aber die Hauptsache ist, dass du dich mit deinem neuen Vorhaben wohlfühlst. Notier alles, was dir in den Kopf kommt, und wähl danach das aus, mit dem du dich spontan am besten fühlst.

MEINE IDEEN FÜR KLEINE ZIELE:

_____

_____

_____

_____

_____

_____

_____

_____

_____

Mein Tipp

Und wann legst du los mit deinem Vorhaben? Richtig: heute!

Tag 8

Puh, was für 'ne Woche! Ist das nicht irre?
Du hast schon eine ganze Woche geschafft!

Deswegen ist heute ein guter Tag, um dir selbst etwas richtig Gutes zu tun. Verbring heute Abend ganz bewusst ein paar schöne Stunden mit Me-Time, vielleicht mit einem guten Buch oder einem Film im Fernsehen, auf Netflix, Disney, Sky, Amazon oder was auch immer. Mach dir am besten schon tagsüber einen kleinen Plan, was du heute Abend machen möchtest und wann der Abend beginnt. Schreib dafür eine genaue Uhrzeit auf.

Und kauf für diesen Abend dein Lieblingsessen ein. Wie für ein Date mit dir selbst. Heute darfst du dich verwöhnen und alle belastenden Gedanken haben dann mal Pause. Das Handy wird auf stumm geschaltet und du darfst dich erholen, lachen und genießen – egal, was da draußen passiert oder was dir das Leben schwer macht. Davon hast du heute Abend Urlaub.

Solche geplanten Ruheinseln schenken uns nämlich Erholung, und die hat man in stressigen Zeiten schließlich ganz besonders nötig. Also nimm dir heute Zeit für dich, das ist total okay. Im Anschluss findest du eine leere Me-Time-Liste. Darauf kannst du alles notieren, worauf du mal wieder Lust hättest.

MEIN SELFCARE-ABEND

Notier alles, was du heute Abend machen möchtest. Erlaubt ist alles, was dir guttut und Spaß macht. Worauf hast du Lust?

MEIN ABEND BEGINNT UM: _____ UHR

MEINE IDEEN:

_____

_____

_____

_____

_____

_____

_____

_____

_____

_____

_____

_____

_____

_____

_____

_____

Tag 9

Kennst du den Spruch: „‚Es ist das Ende der Welt‘, sagte die Raupe. ‚Aber es ist erst der Anfang‘, sagte der Schmetterling“?

Ja, okay, der ist vielleicht ein klein wenig kitschig, aber ich finde diesen Spruch trotzdem sehr schön und vor allem sehr passend, um Krisen zu beschreiben. Stell dir doch mal eine kleine Raupe vor. Am Anfang ist noch alles prima. Sie sitzt zufrieden in ihrer Komfortzone, auf dem Blatt, futtert sich ein dickes Pläuzchen an, lebt ihr Leben und denkt an nichts Böses. Und plötzlich merkt sie: Oh, oh, irgendwas ist hier im Gange. Etwas verändert sich. Alles klar, denkt sich die Raupe, ab in den Kokon. Schutzhülle drum, dann kann mir keiner was. Doch tatsächlich werden die Schmetterlingsraupen in ihrer Schutzhülle während der Metamorphose – wir erinnern uns an den Biologieunterricht, so nennt man den Prozess – von ihren eigenen Verdauungssäften zersetzt. Puh! Hart!

Aber ein paar Zellen bleiben von diesem Prozess verschont und bilden die Anlagen für den neuen Körper – für die Zukunft, also den künftigen Schmetterling.

Ob die Raupe das so geplant hatte, als sie noch zufrieden auf ihrem Blatt saß und gedacht hat, so könnte es ewig weitergehen? Eher nicht. Vielleicht macht sie auch in dem Kokon die Hölle durch und denkt sich: Oh je, das ist das Ende. Klingt ja nun nicht gerade schön die Vorstellung, dass sie sich da drin selbst zersetzt. Auch wenn ich das nachts manchmal auch denke, wenn ich mir dann doch mal eine Pizza mit doppelt Käse nach Hause bestellt habe und die Magensäure alles gibt.

Aber zurück zur Raupe: Dann ist es irgendwann so weit: Sie wird zum Schmetterling, durchbricht den Kokon und kämpft sich in ein neues Leben. Und übrigens nicht wie in Kinderbüchern. Denn wenn ein Schmetterling aus seiner Puppe herauskommt, sieht er erst mal ein wenig kläglich aus. Seine Flügel sind nass und brauchen erst mal ein paar Stunden, um zu trocknen und sich zu entfalten, bevor sie flugtauglich sind. Aber dann ist aus der kleinen Raupe, die dachte, es geht vorbei mit ihr, ein wunderschöner Schmetterling geworden, der bereit ist, die Welt auf eine neue Weise zu erkunden, so, wie es die dicke, langsame Raupe vorher nicht gekonnt hätte. Als hätte sich das jemand ausgedacht. um uns in unseren Krisen zu helfen. Schon verrückt!

Mir gefällt die Vorstellung, dass Krisen ähnlich sind und dass man nach der Krise auch zum Schmetterling wird. Egal, wie schmerzhaft der Mittelteil auch sein mag, am Ende kommen wir da wieder raus, auch wenn wir unser altes Raupenleben hinter uns lassen müssen und es kein Zurück mehr gibt.

Die Psychologie hat ein ähnliches Modell entwickelt, das erklärt, wie wir Krisen durchlaufen.

Am Anfang steht natürlich der Schock. Wir bekommen die alles verändernde Nachricht, die schlimme Diagnose, verlieren unseren Job oder, noch schlimmer, einen geliebten Menschen. In dieser **ersten Phase** des **Schocks** sind wir erst mal wie gelähmt. Psychologen sprechen auch vom „Nicht-wahrhaben-Wollen". Diese Phase kann ein paar Stunden dauern oder aber auch ein paar Tage.

Und dann schlittern wir auch schon unumgänglich in die **zweite Phase** der Krise: die **Reaktion**. In dieser Phase sickert die Realität langsam durch und womöglich schießen unsere Gefühle jetzt chaotisch in uns umher, wir haben Angst, fühlen uns hilflos, sind völlig von der Rolle, ja nahezu orientierungslos. Es wird klar: Wir haben die Kontrolle verloren und die Sache nicht mehr richtig im Griff. Vielleicht befindest du dich auch gerade in dieser Phase. Und glaub mir, ich weiß, wie sich diese Phase anfühlt, wie schlimm es ist, wenn man das Gefühl hat, dass einem alles durch die Finger gleitet. Und vor allem, wie schlimm es ist, wenn man das Geschehen nicht mehr unter Kontrolle hat und es keinen Ausweg zu geben scheint.

Ich habe immer gesagt, das ist wie bei einem Feuerwehrmann, der schon endlos viele Menschen aus den Flammen gerettet hat, und dann steht er auf einmal vor dem eigenen brennenden Haus und hat keinen Tropfen Wasser mehr in seinem Eimer. Das macht eine Heidenangst, ich weiß.

Viele Menschen tendieren in dieser Phase dazu, ihre Situation mit aller Macht zu verdrängen und sich auf diese Weise vor dem Schmerz zu schützen. Das kann sogar funktionieren, aber leider nicht für lange Zeit. Vielleicht bist du gerade auch dabei, dir die Sache noch schönzureden, und sagst dir: Ach, das wird schon wieder. Mein Mann oder meine Frau kehrt bestimmt wieder zu mir zurück und dann ist alles wieder gut, so wie vorher. Oder da wird es schon eine Behandlung geben. Oder auch, vielleicht rutscht denen das beim Finanzamt ja einfach durch und nächsten Monat kommt dann bestimmt ein guter Auftrag rein, der meine Schulden wieder ausgleicht.

Aber denk an die Übungen, die wir letzte Woche gemacht haben, als es darum ging, Abschied zu nehmen. Denn genau wie die Raupe haben auch wir Menschen leider oft keinen Einfluss auf den Lauf der Dinge. Und aus eigener Erfahrung weiß ich: Verdrängen funktioniert vielleicht für ein paar Minuten, ein paar Stunden, in denen man so tut, als sei die Situation nicht so trostlos, wie sie ist. Aber das verändert nichts. Die Situation ist, wie sie ist. Irgendwann holt einen die Sache wieder ein, und dann mit einer noch größeren Wucht.

Aber, und das verspreche ich dir, wenn wir hinsehen und die Krise annehmen, dann geht diese wirklich schlimme Zeit des emotionalen Chaos irgendwann vorbei und dann über in die nächste, die **dritte Phase** unseres Krisenmodells, und die nennt sich **Bearbeitung**. In dieser Phase beginnt der Ausweg aus der Krise. Man akzeptiert den Verlust, den Schaden, das Dilemma und fängt an, nach Lösungen zu suchen. Das bedeutet, dass du dazu bereit bist, die Veränderungen zu akzeptieren, du nimmst sie an, statt sie zu verdrängen oder sie wütend zu verfluchen. Ab diesem Moment kehrt wieder eine gewisse Ruhe ein, der Kopf wird wieder klarer und du hast vielleicht nicht mehr das Gefühl, dass dir jemand das Herz aus der Brust reißen möchte. Im Gegenteil: Du schaust dir deine Situation an und suchst nach Lösungen. Das sind Momente, wo du dann vielleicht selbst von dir überrascht bist, wie du auf einmal anfängst, die Krise bei den Hörnern zu packen.

Kommen wir zurück zu unserem Schmetterlingsbeispiel. Der sitzt in seinem Kokon und weiß, es gibt keinen Weg zurück zum Raupendasein, das muss ich akzeptieren. Aber: Hier drin, in meiner Puppe, geht's ja nun auch nicht weiter: Also ab in den Puppenkeller, Werkzeugkiste rausholen und daran arbeiten, dass wir aus dem Kokon wieder rauskommen.

Und schon steht die **vierte und letzte Phase** vor dir: die sogenannte **Neuorientierung**. Und wenn du die erreicht hast, dann hast du es geschafft. Du bist der Schmetterling, der sich aus den Überresten seines Kokons ans Licht kämpft. Und auch wenn deine Flügelchen erst mal noch ein paar Stunden brauchen, um zu trocknen und sich zu entfalten: Du bist durch. Bereit, dein neues Leben zu erkunden und das Alte hinter dir zu lassen. Du bist bereit, neue Wege zu gehen und durchzustarten. Ich weiß, das kommt dir jetzt vielleicht noch wie ein Wunschtraum vor, wie eine Version von dir, die noch in weiter Ferne liegt. Aber sie ist da und es gibt immer ein Vorher und ein Nachher.

Also: Je schneller du die Krise akzeptierst und annimmst, umso schneller ist sie in der Regel vorbei. Denn dann kommst du in die Phasen der Lösungssuche und der Neuausrichtung – und die, so unglaublich es für dich jetzt vielleicht auch klingen mag, setzt unfassbare Kräfte frei. Du hast begriffen, was passiert ist. Du weißt: Das Leben ist anders als vorher. Was noch bis vor Kurzem sicher schien, ist weg. Was du aufgebaut hast, ist verloren. Und du wolltest das nicht. Es tut noch weh. Aber du nimmst die Veränderung an und schaust wieder nach vorne. Vielleicht tust du Dinge, die du vorher niemals getan hättest, hast neuen Mut, denn die Tage der Raupe sind vorbei. Die Zeit des Kokons ist überstanden. Und nun ist es an der Zeit, fliegen zu lernen. Und wer weiß: Vielleicht blickst du eines Tages sogar zurück auf diese Zeit und siehst den Sinn dahinter. Das gilt natürlich nicht für alle Krisen, vor allem, wenn man jemanden verloren hat. Aber es gibt schlimme Lebenskrisen, nach denen man auf die Zeit davor zurückblickt und sagen kann: Ein Glück, dass mir das passiert ist. Oder zumindest: Wahnsinn, wie ich das geschafft habe.

Mein Tipp

Für heute machen wir erst mal Schluss und lassen das alles ein wenig sacken. Mir tut nach solchen Einheiten ja immer ein langer Spaziergang gut. Wenn es dafür schon zu spät ist, mach doch einfach mal das Fenster weit auf und genieß für eine Minute ganz bewusst die frische Luft.

♡

Ich wünsche dir, dass du heute noch ein paar schöne Momente für dich findest!

Tag 10

Wohin geht deine Reise?
Das fragen wir uns heute.

Gestern haben wir den Biologieunterricht aus der Schule mal wieder ein wenig aufleben lassen und über die Metamorphose von der Raupe zum Schmetterling und die damit verbundenen vier Phasen der Krise gesprochen. Du erinnerst dich: Phase 1: der Schock; Phase 2: die Reaktion auf den Schock; Phase 3: die Bearbeitung der Krise, in der man sie akzeptiert, annimmt und nach Lösungen sucht. Und Phase 4: die Neuorientierung.

Heute wirst du deinen aktuellen Standpunkt auf dieser Reise bestimmen. Was glaubst du, in welcher der vier Phasen steckst du gerade? Bist du noch im Schockzustand oder vielleicht gerade in der zweiten Phase, in der du am liebsten zurück in die Zeit vor der Krise möchtest? Oder bist du schon auf einem guten Weg in die dritte Phase und bereit, die Veränderungen in deinem Leben zu akzeptieren? Auf der nächsten Seite kannst du heute deinen Standpunkt suchen und einzeichnen. Zwischen den einzelnen Phasen gibt es Zehnerschritte. Leg ihn hier fest, ganz nach Gefühl, wo du dich gerade siehst. Noch ganz am Anfang? In der Mitte? Oder kurz vor dem Übergang in die nächste Phase? Dann überleg dir: Was könnte dir helfen, um der nächsten Phase einen Schritt näher zu kommen?

Ich zeige dir das einmal kurz an einem Beispiel (findest du auf der folgenden Doppelseite). Auf dem Aufgabenblatt siehst du ganz links die erste Phase, dort hat deine Krise angefangen. Dann kommt die zweite Phase, die Reaktion, danach die dritte Phase, die Bearbeitung, und schließlich rechts die vierte Phase der Neuorientierung. Da siehst du auch den Schmetterling. Da wollen wir hin. So, und nun überlegst du dir, wo du wohl gerade stehst. Wenn du noch in der Phase steckst, in der du sehr emotional bist, in der alles so richtig wehtut und du noch nicht wirklich bereit bist, loszulassen, dann bist du hier, in diesem Bereich, richtig. In Phase 2. Nun ist die Frage: Ordnest du dich eher am Anfang ein oder am Ende, kurz vorm Übergang zur dritten Phase, in der du die Krise bei den Hörnern packst und bereit bist, nach Lösungen zu suchen?

Wenn du die Einordnung geschafft hast, ist das schon mal klasse, sehr gut. Vermutlich siehst du jetzt, dass du schon auf einem sehr guten Weg bist und dem Schmetterling näher bist als vielleicht vor ein paar Tagen. Und nun überleg dir, wenn du noch Lust hast, was oder wer dir helfen könnte, der nächsten Phase noch einen Schritt näher zu kommen. Vielleicht ist das eine Verabredung mit deinem Krisenbegleiter, den du letzte Woche ausgemacht hast. Oder du nimmst dir noch mal deinen Abschied, den wir letzte Woche ausformuliert haben, vor. Vielleicht sagst du aber auch: Nein, ich brauche einfach noch ein bisschen Zeit für mich, ich brauche Ruhe. Das ist auch okay. Wie gesagt, du musst hier nichts aufschreiben, aber es lohnt sich, kurz darüber nachzudenken, was dich jetzt weiterbringen könnte.

„DEINE REISE ZUM SCHMETTERLING.
WO STEHST DU GERADE?"

Was glaubst du: In welcher der vier Phasen steckst du gerade?
Zeichne deine Position ein.

Phase 1
Der Schock
(Beginn der Krise)

Phase 2
Die Reaktion auf
den Schock

DAS KÖNNTE MICH AUF MEINER REISE WEITERBRINGEN

Du bist auf einem guten Weg. Überleg nun, wer oder was dich weiterbringen könnte in Richtung der nächsten Phase. Vielleicht eine Verabredung mit einem Krisenbegleiter? Was fällt dir noch ein? Notier alles, was
dir in den Kopf kommt:

_____

_____

_____

_____

Phase 3
Die Bearbeitung
der Krise

Phase 4
Die Neuorientierung

Tag 11

Wenn alles aus dem Ruder läuft.

In den letzten Tagen haben wir über die verschiedenen Phasen von Krisen gesprochen. Du erinnerst dich: Am Anfang, in der ersten Phase, steht der Schock. Und in der zweiten Phase reagiert man auf den Schock. Das sind die Phasen, in denen es einem so richtig dreckig geht, in denen alles aus dem Ruder läuft.

Ich persönlich erinnere mich noch sehr gut an die ersten Tage nach der Diagnose, als uns gesagt wurde, dass unsere Tochter einen bösartigen Hirntumor hat. Mal ganz davon abgesehen, dass sich mein ganzer Körper und meine Gedanken in einer Art Ausnahmezustand befunden haben, gab es auch immer wieder Momente, vor allem die stillen Momente, in denen ich wahnsinnig mit mir selbst gehadert habe. Hätte ich früher etwas merken können? Hätte ich noch mehr für sie tun können? Was habe ich falsch gemacht? Warum hat das keiner gemerkt? Wir waren doch bei Ärzten! Manchmal habe ich mich auch selbst richtig fertiggemacht: Du hättest das merken müssen, du hättest, du hättest, du hättest … Genauso macht man sich selbst so richtig schön runter. Man gibt sich quasi selbst den letzten Rest. Aber so kommt man natürlich nicht weiter und schon gar nicht aus der Krise heraus, sondern man badet darin. Ja, man taucht so richtig tief ein. Kennst du das auch von dir? Sitzt du manchmal auch da und machst dir Vorwürfe? Machst dich fertig, indem du dich fragst, wie du es dazu hast kommen lassen?

Ich möchte dir unbedingt empfehlen: Bitte tu dir das nicht an. Hör auf, dich selbst fertigzumachen. Das hat keinen Sinn, damit geht es dir nur noch schlechter und schlechter. Und egal, wie oft du das Szenario auch durchspielst: Du wirst niemals zu einer befriedigenden oder erlösenden Schlussfolgerung kommen. Die Situation ist, wie sie ist.

Eine Psychologin hat mir für diese Momente des „Sich-selbst-Fertig-machens" empfohlen, dass man sich selbst lieber ein guter Freund sein sollte. Denn den brauchen wir jetzt und keinen fiesen Menschen im Ohr, der uns niedermacht. Darum: Wenn dir das Leben wieder mal so richtig um die Ohren fliegt oder du am Boden bist – sprich mit dir, wie du es mit einem guten Freund oder einer guten Freundin tun würdest. Liebevoll, umarmend, wertschätzend und freundlich.

Wenn es mir schlecht geht, mache ich das auch so und sage zu mir, mal leise, in Gedanken, mal laut: „Komm schon, Johannes, du packst das. Du überstehst das."

Und was sagt dir deine beste Freundin, wenn es dir schlecht geht? Schreib es auf und vielleicht hängst du es dir sogar gut sichtbar irgend-wohin. Auf der nächsten Seite findest du kleine Kärtchen zum Aus-schneiden mit viel Platz für Mutmacher, von dir selbst, an dich.

MUTMACHER FÜR DUNKLE MOMENTE

Gerade in Krisenzeiten ist es wichtig, dass du liebevoll und wertschätzend mit dir selbst umgehst, denn Vorwürfe bringen nichts und ziehen dich nur noch mehr runter. Übe darum, mit dir selbst so umzugehen und zu sprechen wie mit deiner allerbesten Freundin oder deinem besten Freund. Überleg, welche tröstenden Worte sie gerade für dich hätten. Was würden sie sagen, um dich aufzufangen? Notier je einen Satz auf die unten stehenden Kärtchen und häng sie an alle Orte in der Wohnung, an denen du häufig bist, etwa an den Badezimmerspiegel.

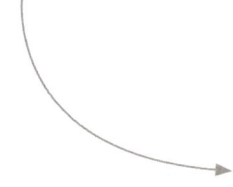

Nimm dir einen Zettel und schneid sechs oder so viele Karten wie du magst aus. Wenn du keinen Zettel hast, kannst du auch erst mal hier ins Buch schreiben.

Tag 12

Eine der Geheimzutaten von Krisen ist die Angst.
Ohne Angst wäre eine Krise nur halb so deftig.

Angst vor der neuen Situation, vor der Veränderung, vor der Zukunft. Manchmal ist sie so stark, dass man sich wie ein kleines Kind fühlt. Hilflos und orientierungslos. Dieses Gefühl kennen wir beide, du genauso wie ich.

Jetzt ist es ja so: Gefühle zuzulassen, ist ja erst mal gar nicht schlecht. Es ist besser, als sie zu verdrängen. Aber Gefühl ist nicht gleich Gefühl. Das Problem an dem Gefühl der Angst ist, dass sie uns lähmt und uns in eine Art Schockstarre versetzt. So wie beim Reh, das im Dunkeln die Straße überquert und im Licht der Scheinwerfer plötzlich stehen bleibt, aus Angst erstarrt.

Und aus genau diesem Grund ist es so wichtig, dass wir versuchen, unsere Angst aufzulösen. Denn sonst ergeht es uns im schlimmsten Fall wie dem Reh und wir werden vom anrollenden Laster einfach erfasst. Nein, das wollen wir nicht, auch wenn es Momente geben mag, in denen du sagst: „Och … dann …" Ne, ne, ne. Da sind wir aber besser drauf. Angst mag nämlich ein sehr intensives Gefühl sein, aber sicher nicht das Allerschlauste. Und ich zeige dir jetzt, dass du schlauer bist als die Angst.

Wenn wir unsere Angst in den Griff bekommen, wird der Kopf wieder klar und wir wieder handlungsfähig. Wir checken: Alles klar, da kommt der Laster, runter von der Straße.

Also, gehen wir es an? Ganz entscheidend ist hier der Faktor innere Sicherheit, sagen Psychologen. Sie empfehlen zum Beispiel, alte Rituale, die wir früher in unseren Tagesablauf integriert hatten, beizubehalten, wie das morgendliche Rührei mit Schinken zum Frühstück, die Joggingrunde am Abend oder das Mittagessen um 13:00 Uhr.

Ich gebe dir mal ein Beispiel: Wenn du deinen Job verloren hast und bisher immer um 13 Uhr mit den Kolleginnen und Kollegen mittaggegessen hast, solltest du dein Mittagessen auch weiterhin zur genau gleichen Zeit kochen beziehungsweise essen. Wenn du früher jeden Morgen um 7:30 Uhr aufgestanden bist und erst mal einen Kaffee getrunken hast, tu das auch in Zukunft, statt bis nachmittags um vier im Bett zu liegen. Und wenn du vorher jeden Tag in der Mittagspause spazieren gegangen bist, dann führe dieses Ritual fort, statt auf der Couch zu liegen – auch wenn du jetzt vielleicht eine andere Route läufst. Auch wichtig: Zieh dir jeden Morgen etwas Richtiges an, statt den ganzen Tag im Schlafanzug oder im Jogger zu chillen. Wieso? Ganz einfach: Feste, bekannte Rituale signalisieren deinem Körper: Fürchte dich nicht, es ist nicht alles anders. Das Leben geht weiter. Ein paar Dinge haben weiter Bestand, es ist noch Vertrautes vorhanden. Auf der nächsten Seite für heute kannst du eintragen, welche täglichen Rituale du schon hast, aber auch, welche du durch die Krise verloren hast. Und dann schau, wie du die Rituale ersetzen kannst.

STÜTZ DICH AUF DAS VERTRAUTE

Feste Rituale und Gewohnheiten stärken dich im Alltag, gerade in Krisenzeiten. Schreib auf, welche bestehenden Rituale du aktuell in deinem Leben hast. Danach notierst du, welche du verloren hast und schmerzlich vermisst. Die schaust du dir ganz genau an. Kannst du sie abändern oder durch ein neues Ritual ersetzen? Auf diese Weise zeigst du dir selbst: Es ist nicht alles anders, es ist noch Vertrautes vorhanden. Das stärkt dich und vertreibt die Angst.

So! Hier kannst du loslegen!

WAS KANNST DU
STATTDESSEN TUN?

VERLORENE RITUALE

BESTEHENDE RITUALE

Tag 13

Wir suchen nach Menschen, die uns Sicherheit geben.

Wir haben gestern über das Thema Sicherheit gesprochen, die uns in Krisen Stabilität schenkt und uns hilft, unsere Angst zu verscheuchen. Neben festen Ritualen können uns auch Menschen Sicherheit geben. Und zwar am besten solche, die immer die Ruhe bewahren, die nicht überall Katastrophen und Drama sehen.

Fällt dir jemand in deinem Umfeld ein, der oder die so ist? Vielleicht sogar jemand, der schon ein bisschen Krisenerfahrung hat? Super! Denn heute ist deine Aufgabe, diesen besonderen Menschen nach einer Verabredung zu fragen. Zum Essen oder auf ein Stück Kuchen oder einen Spaziergang, vielleicht auch ein Telefonat, irgendwas, was euch beiden Spaß macht und wo man sich nett unterhalten kann. Denn: Solche Menschen können dich mit ihrer ruhigen, positiven Art anstecken. Versuch, dich öfter mit solchen Ruhespendern zu verabreden. Die, die schnell ausflippen, überall Katastrophen sehen oder dich nur bemitleiden, selbst wenn das manchmal guttut, solltest du erst mal meiden. Sie ziehen dich nämlich nur noch mehr runter und sagen dir, wie schlimm du gerade dran bist. Also: Handy raus, verabreden und einen schönen Nachmittag oder Abend in guter Gesellschaft verbringen. Ich weiß, ich bin da jetzt etwas pushy, aber du schaffst das, du hast es ja bis hierhin auch schon geschafft.

Und wenn dir niemand einfällt, mit dem du einen solchen Abend verbringen könntest? Dann könntest du die Möglichkeit nutzen, dir zu überlegen, wo du solche Menschen kennenlernen könntest. Da gibt es zum

Beispiel zahlreiche Websites und Apps, mit denen man neue Leute kennenlernen kann. Auch in Kirchengemeinden gibt es offene Gruppen, in die man mal unverbindlich reinschnuppern kann. Oder du schaust, ob du Lust auf eine ehrenamtliche Tätigkeit hast. Ich weiß, vielleicht bist du noch nicht sofort bereit dafür, du hast ja gerade selbst viel auf der Agenda, aber es gibt ja auch eine Zeit danach. Such dir heute drei Adressen heraus, die du in der Phase der Neuorientierung anschreiben könntest. Die kannst du prima auf dem Aufgabenblatt notieren.

Auch Gegenstände können uns Sicherheit schenken. Überleg mal, was dir als Kind Sicherheit und Geborgenheit geschenkt hat. Vielleicht ein Kuschelteddy, der seit 20 Jahren ein Dasein auf dem Dachboden fristet? Würde es dir vielleicht guttun, ihn ein paar Tage wieder mit ins Bett zu nehmen? Wenn ja: Ab auf den Dachboden. Und nein, da gibt es absolut keinen Grund, sich zu schämen. Es kann aber auch sein, dass es sich um einen anderen Gegenstand handelt. Einen Glücksbringer aus Schulzeiten oder einen bestimmten Pulli, in dem du dich immer gut gefühlt hast. Wenn es dir Sicherheit und Trost schenkt: Her damit! Und wenn dir nichts einfällt: Überleg dir, ob du vielleicht gerne einen kleinen Trostspender hättest. Du könntest dir zum Beispiel selbst ein Armband schenken, das dich daran erinnert, dass du stark bist. Nur keine falsche Scheu, du hast 'ne Krise, alles, was dir Sicherheit schenkt, ist jetzt erlaubt. Und wenn es an der Zeit ist, die Dinge wieder auf den Dachboden oder in die Schublade wandern zu lassen, wirst du es schon merken.

VERBRING ZEIT MIT TOLLEN MENSCHEN

Mit wem möchtest du gerne mal wieder etwas unternehmen?
Fällt dir jemand ein, der dir Sicherheit und Stabilität schenkt
und dir den Rücken stärkt?

AUF WELCHE UNTERNEHMUNGEN HÄTTEST DU MAL WIEDER LUST?
WAS KÖNNTE EUCH BEIDEN SPASS MACHEN?

Wenn dir gerade niemand einfällt, mit dem du etwas unternehmen könntest oder möchtest, überleg doch mal, wo du neue, tolle Menschen kennenlernen könntest. Recherchier am besten online nach Angeboten in deiner Stadt, zum Beispiel bei ehrenamtlichen Organisationen oder in der Kirchengemeinde. Notier mindestens zwei Adressen und frag dort noch heute ganz unverbindlich Infos an. Keine Sorge, du musst noch nichts ausmachen, es zählt, dass du dich informierst.

MEINE NEUEN KONTAKTADRESSEN:

Dir ist gerade gar nicht nach anderen Menschen? Vielleicht kann dir ja ein Gegenstand Trost spenden, an dem du dich ab und zu mal festhalten kannst. Fällt dir einer ein? Dann notier ihn hier:

Tag 14

*Heute ist ein besonderer Tag,
denn heute wird umarmt.*

Wieso? Ganz einfach: Wenn wir so richtig fest umarmen und umarmt werden, spüren wir Geborgenheit, und die killt die Angst, von der wir Anfang der Woche gesprochen haben. Das ist ein bisschen wie damals, wenn wir als Kind hingefallen sind und uns Mama oder Papa danach tröstend in die Arme genommen haben. Durch die körperliche Nähe und die beruhigenden Worte wird das Bindungshormon Oxytocin ausgeschüttet und der vordere Vagusnerv aktiviert, der als Stress- und Angstbremse dient. So viel zum Ablauf im Körper. Darum wollen wir heute ganz gezielt umarmen und umarmt werden.

Überleg doch mal: Wer könnte dich heute so richtig feste drücken? Vielleicht der Partner oder die Partnerin? Manchmal wundert man sich, wie lange die letzte Umarmung, gerade in einer Krise, her ist. Oder eine Freundin oder ein Kumpel? Vielleicht auch eine Kollegin? Oder auch richtig spitze: ein Haustier? Tiere sind nämlich ganz hervorragende Krisenbegleiter. Nicht nur, weil sie so viel Liebe und Nähe zu geben haben, sondern auch, weil sie immer im Hier und Jetzt leben.

Sich mal den Hund der Nachbarn für einen Spaziergang auszuleihen, macht also auch durchaus Sinn. Und wenn dir niemand einfällt, den du mal drücken möchtest, oder gerade niemand verfügbar ist: Wenn du möchtest, kannst du auch einen Baum umarmen – ja, auch wenn das jetzt erst mal ein bisschen seltsam klingt, das gebe ich zu. Aber: Laut

Waldbadenexperten werden beim Umarmen eines Baums die gleichen Hormone ausgeschüttet wie beim Umarmen eines Menschen.

Unser Gehirn kann nämlich nicht so richtig zwischen Fiktion und Wirklichkeit unterscheiden. Und sobald wir eine Umarmungsbewegung machen, denkt es: Alles klar, jetzt wird umarmt. Her mit den Kuschelhormonen. Und ein Gutes hat so ein Baum ja noch: Er kann nicht weglaufen.

Und für die ganz Mutigen: Umarme dich einfach mal selbst. Kräftig drücken – ob du es glaubst oder nicht, das funktioniert und tut gut. Und auch Kopfstreicheln und Kopfkraulen funktioniert prima allein. Einfach mal ausprobieren, es tut wirklich gut.

Also: viel Spaß beim Knuddeln!

Zeit für Selfcare.

Puh, was für 'ne Woche. Bergfest, die Hälfte der 30 Tage ist um. Das hast du geschafft, nicht ich, du!

Heute ist darum ein guter Tag, um mal wieder durchzuatmen und um dir selbst mal etwas richtig Gutes zu tun. Starte doch heute einfach mal mit einem ausgiebigen Frühstück im Bett und vielleicht mit einem guten Buch oder einem Film auf Netflix, Amazon, Sky & Co. Falls es für ein Frühstück jetzt schon zu spät ist, dann kannst du es dir natürlich auch für morgen oder übermorgen aufheben.

Vielleicht hast du heute auch Lust auf einen schönen Ausflug zum See, ans Meer, in die Berge oder in den Park. Vielleicht machst du einen Spaziergang durch den Zoo oder setzt dich mit einer Zeitung ins nächste Café und gönnst dir ein Stück Kuchen. Ich sag nur: Gönn dir was und lass den Alltag Alltag sein. Versuch aber ruhig, dir zu merken, was dir besonders gutgetan hat, und überleg dir, wann du es das nächste Mal wieder machen könntest.

Du hast es dir wirklich verdient!

ZEIT FÜR EINEN AUSFLUG

Wie wäre es, wenn du den Tag heute nutzt, um mal wieder einen kleinen Ausflug zu machen? Ans Meer, zum See, in den Park – oder auch nur eine kleine Runde um den Block? Tu dir etwas Gutes und mach etwas, das dich entspannt. Wenn es schon etwas später ist: Was könntest du heute Abend für dich tun? Ein heißes Bad? Dein Lieblingsessen kochen? Alles, was dir guttut, ist heute erlaubt.

MEINE IDEEN FÜR DEN HEUTIGEN TAG:

_____

_____

_____

_____

_____

_____

_____

_____

_____

_____

_____

_____

_____

_____

_____

_____

Tag 16

Du kannst stolz auf dich sein, dass du es bis hierhin geschafft hast. Das waren keine leichten Aufgaben.

In den letzten zwei Wochen haben wir jeden Tag zusammen daran gearbeitet, dich innerlich zu stärken, damit du deine persönliche Krise besser verstehen und bewältigen kannst. Aber du kennst mich ja, hier ist noch nicht Schluss. Eine wunderbare Möglichkeit, noch stärker zu werden, ist die sogenannte Resilienz – ein absoluter Trendbegriff und gerade in aller Munde. Deswegen bist du über diesen Begriff vielleicht auch schon mal gestolpert, überall, egal ob in Magazinen, bei Instagram, Facebook oder selbst in irgendwelchen Nachrichten in der Freundes-Whats-App-Gruppe, steht, dass wir alle resilienter werden müssen.

Hinter diesem Modewort, also hinter dem Begriff Resilienz, steckt nichts anderes als unsere psychische Widerstandsfähigkeit. Oder um es einmal wissenschaftlich zu definieren, in dem Fall mit den Worten der Forschenden Rosmarie Welter-Enderlin und Bruno Hildenbrand, die sich damit sehr, sehr gut auskennen: Unter Resilienz versteht man demnach die Fähigkeit, „Krisen im Lebenszyklus unter Rückgriff auf persönliche und sozial vermittelte Ressourcen zu meistern und als Anlass für Entwicklung zu nutzen". Hahahaha, so geil, typisch Wissenschaftler.

Also anders ausgedrückt: Es bedeutet, dass wir stark durchs Leben gehen und alle Krisen, die auf uns zukommen, meistern, bewältigen und daran wachsen können, weil wir jede Menge Ressourcen und Strategien dafür parat haben. Das ist ein bisschen so wie mit dem Autofahren: Es regnet, kein Problem, wir haben ja Scheibenwischer. Draußen dunkel, ha! Da hat doch jemand Schlaues irgendwo Licht eingebaut, ach ja und bremsen, da gab es doch irgendwas, wo ich drauftreten kann und dann steht die Karre. Das Auto ist also auf verschiedene Situationen vorbereitet. Und das können wir auch, aber statt Bremse und Licht haben wir andere Ressourcen und Strategien, also Mittel und Wege, um mit einer Krise umzugehen.

Aber woher haben wir die denn, fragst du dich jetzt vielleicht. Richtig, du ahnst es schon: Es waren unsere Eltern, immer diese Eltern, und unsere nahen Bezugspersonen, wie Oma, Opa, Onkel und Tante, die uns mit diesen Ressourcen und Strategien versorgt haben, und zwar, als wir ganz, ganz klein waren.

Durch die Forschung wissen wir nämlich, dass sich die Resilienz in uns schon ganz früh entwickelt, und zwar in den ersten zwei Lebensjahren. Das ist schon irre, das ist eine Zeit, an die man sich noch nicht mal erinnern kann, und dabei ist die so wichtig.

Wenn Eltern ihrem Baby von Anfang an mit Liebe und Wärme begegnen, sich auf seine Bedürfnisse einlassen und seine Signale verstehen lernen, mit ihm kuscheln, reden und es trösten, wenn es weint, spürt das Baby: Alles klar, Mama und Papa sind für mich da, wenn ich sie brauche, fühlt sich gut an! Das ist das sogenannte Urvertrauen. Ich finde ja, das ist ein tolles Wort: Urvertrauen.

Das Kind lernt also, Vertrauen aufzubauen und seine Gefühle wahrzunehmen, sie zu benennen und damit umzugehen. Während dieser Zeit lernen Kinder aber auch, mit Stresssituationen zurechtzukommen und schwierige Situationen zu meistern, und zwar, indem das Kind erfährt, dass es selbst etwas bewirken kann, denn als Kind müssen wir schließlich auch manchmal lernen, uns selbst aus der Patsche zu helfen, zum Beispiel im Streit mit den Geschwistern.

Also fassen wir noch mal zusammen: Als Kind erlernen wir gewisse Fähigkeiten, die unsere Resilienz, also unsere psychische Widerstandskraft, stärken. Wir lernen, Gefühle zu erkennen und einzuordnen, sie zu kontrollieren und zu steuern. Wir lernen unsere Stärken kennen, dass wir uns Hilfe holen können und dass andere Menschen für uns da sind. Und ganz wichtig: Wir lernen, dass wir uns selbst aus der Klemme helfen können, und entwickeln Strategien, wie wir Probleme lösen können.

Und das Allertollste ist: Auch du hast all diese Eigenschaften bereits in dir. Gut, vielleicht sind noch nicht alle Fähigkeiten stark und voll ausgeprägt, denn wie stark deine Resilienz ist, kann sehr unterschiedlich sein. Das heißt, es kann sein, dass du in einem Bereich besser und in einem anderen weniger gut zurechtkommst. Aber das Tolle ist: Resilienz kann man trainieren, wie die Ausdauer beim Joggen oder die Muskeln im Fitnessstudio.

Dazu gibt es ein sehr spannendes Modell: die sieben Säulen der Resilienz. Das Modell ist angelehnt an das Modell von Dr. Franziska Wiebel. Das sind die Persönlichkeitseigenschaften, die wir als Erwachsene trainieren können, um in Krisensituationen richtig gut dazustehen, sodass uns nichts mehr umpusten kann. Die gehen wir jetzt mal zusammen durch.

ALS ERSTES HABEN WIR DIE ...

1. AKZEPTANZ

Über die erste Säule der Resilienz, die Akzeptanz, haben wir hier schon oft gesprochen, die kennst du schon. Und damit ist auch genau das gemeint, was wir besprochen haben, nämlich dass du dazu in der Lage bist, eine Krisen- oder Stresssituation zu akzeptieren, statt sie zu verleugnen, wegzusehen oder schönzureden. Denn du weißt ja, nur wenn wir die Krisensituation annehmen, können wir auch nach Lösungen suchen, die dazu führen, dass wir da wieder rauskommen. Und damit kommen wir auch schon zur nächsten Säule:

2. LÖSUNGSORIENTIERUNG

Resiliente Menschen sind lösungsorientiert – das bedeutet, dass sie in einer Stress- oder Krisensituation nicht nur auf das Problem schauen und sagen: „Oh Gott, oh Gott, was passiert hier mit mir?", sondern auf die Lösung. Und sagen: „Okay, alles klar, wie komm ich da wieder raus, was kann ich tun, um voranzukommen, um mich weiterzuentwickeln?" Und da kommen wir auch schon zum nächsten Punkt. Raus aus der ...

3. OPFERROLLE,

die ich gerade schon angesprochen habe. Es hilft nicht, wenn wir uns selbst ständig kleinmachen, uns immer in der Opferrolle sehen, jammern, mosern und sagen: „Immer ich, das passiert nur mir." Das ist nicht gut für dich. Steh lieber auf und sag dir: „Alles klar, ich sitze in der Patsche und die Situation ist schlimm für mich, aber ich bin kein Opfer, ich habe den Ausgang der Geschichte und die Situation selbst in der Hand." Und tadaaaa, damit geht auch schon die nächste Säule der Resilienz einher, die ...

4. VERANTWORTUNG –

krass oder? Am Anfang dachtest du noch: „7 Säulen, wie lange wird das denn bitte dauern?" Aber das geht hier zack, zack. Aber zurück zum Thema: Wir waren bei der Verantwortung. Das bedeutet, dass du nicht nur die Dinge in die Hand nimmst, du übernimmst auch die Verantwortung für das, was du tust. Du bist verantwortlich für dein Handeln, niemand sonst. Nicht dein Partner oder deine Partnerin, nicht deine Familie, nicht deine anderen Bezugspersonen, nicht die Regierung oder sonst wer. Nur du allein. Nichtsdestotrotz sind andere Menschen in deinem Leben aber natürlich unglaublich wichtig. In dem Rezilienzmodell sprechen wir nämlich auch von der – jetzt festhalten –

5. NETZWERKORIENTIERUNG

Das bedeutet, dass du dazu bereit bist, ein enges positives Umfeld aufzubauen. Denn wenn du enge Bezugspersonen um dich hast, die gut mit dir umgehen, die dich respektieren und positiv beeinflussen, dann sorgt das für eine außerordentliche Resilienz. Eine mir sehr nahestehende Frau hat mir mal gesagt: „Du bist der Durchschnitt der fünf Menschen, mit denen du dich am meisten umgibst" – finde ich total krass und passend.

Und das ist auch der Grund, weshalb ich dich hier immer wieder nach Krisenbegleitern frage und dich ermutigen möchte, dich mit tollen, wertschätzenden Menschen zu verabreden. Sie machen dich unglaublich stark und sind darum ganz entscheidend für deine psychische Widerstandskraft. Schon allein, weil du dir in der nächsten Krise sicher sein kannst: Alles klar, da stehen Menschen hinter mir, die mir beistehen und helfen können. Die mir Rat geben und neue Perspektiven eröffnen können. Und ich kann dir ganz ehrlich aus eigener Erfahrung sagen: Ohne die vielen wunderbaren Menschen in meinem Leben, die für mich da sind, wenn ich sie brauche, hätte ich meine Krise sicher nicht so durchgestanden, wie ich es getan habe. Und das gilt übrigens auch andersherum, ich bin auch für meine Herzensmenschen da, wenn sie mich brauchen. So ein bisschen wie wir zwei hier gerade. Kommen wir zur nächsten Säule. Das ist der ...

6. OPTIMISMUS,

ebenfalls ein ganz zentraler Punkt. Etwas, was uns Freunde und Familie immer versuchen, mit auf den Weg zu geben: Du schaffst das, du kannst das, du kommst da wieder raus. Aber wirklich wichtig ist, dass wir selbst daran glauben, und zwar ernsthaft, dass wir dazu in der Lage sind, eine Krise oder eine Herausforderung zu meistern. Dass wir das schaffen können und werden. Und genau das kann man trainieren, zum Beispiel, indem man sich immer wieder kleine Ziele setzt und merkt: Kein Problem für mich, ich kann das. So, und deswegen schaffe ich das beim nächsten Mal auch.

Und damit kommen wir zum letzten Punkt im 7-Säulen-Modell der Resilienz:

7. ZUKUNFTSPLANUNG

Es ist wichtig, dass wir lernen, in die Zukunft zu schauen. Damit ist natürlich nicht unbedingt der perfekt ausgefeilte Fünfjahresplan gemeint, sondern die Fähigkeit, in die Zukunft zu sehen und zu erkennen: Moment mal, was kommt da eigentlich alles auf mich zu? Wenn wir üben, vorauszuschauen, können wir Probleme schon frühzeitig erkennen und uns darauf vorbereiten, damit sie uns nicht total überfahren. Das ist dann wie in einem neuen Auto, das nicht nur Licht, Scheibenwischer und Bremsen hat, sondern auch ein Navi und einen Tempomat, und das erkennt, falls wir mal zu spät auf die Bremse treten, und das dann für uns macht.

So, nun kennst du die Basics für eine gesunde psychische Widerstandskraft, die du dir immer wieder in Erinnerung rufen und natürlich auch trainieren solltest. Wie gesagt, ein paar Übungen hast du sogar schon erfolgreich durchgeführt und ein paar lernst du in der kommenden Woche kennen, darauf kannst du dich schon mal freuen. Die werden richtig gut!

Und mit ein bisschen Einsatz wirst du merken, wie dich das immer stärker machen wird. Und am Ende gehörst du auch zu den Leuten, die wie ein Stehaufmännchen sind. Die einfach nichts umwerfen kann, die sich immer wieder aufrappeln, egal, wie stürmisch es auch wird.

*In der Wocheneinheit haben wir über Resilienz gesprochen,
also über unsere ..., na? Weißt du es noch?*

Genau, über unsere psychische Widerstandskraft, die wir trainieren und stärken können. Heute werden wir gemeinsam an deiner Krisenkompetenz arbeiten beziehungsweise uns anschauen, was du eigentlich alles schon für Krisen erlebt hast im Laufe deines Lebens.

Auf der nächsten Seite findest du einen Zeitstrahl, der von deiner Geburt bis heute reicht. Dort trägst du alle Krisen deines Lebens ein. Alles, was dich traurig gemacht und erschüttert hat. Das kann der Tod eines Angehörigen sein, der dich schon früh aus der Bahn geworfen hat, die Scheidung der Eltern, das Sitzenbleiben in der Schule, Mobbing, eine Krankheit, Arbeitslosigkeit oder eine längere Stressphase. Am Anfang denkt man manchmal sogar, hä? Da gibt es bei mir gar nicht so viel. Aber das kommt dann schon, wenn du die Zeit durchgehst, spätestens bei der Pubertät.

Trage überall dort, wo eine schlechte Phase hattest, einen Strich oder einen Blitz ein. Und nun malst du hinter jede Krise eine Blase. Da rein schreibst du alles, was und wer dir in der Krise geholfen und Kraft gespendet hat. Vielleicht die Liebe einer Bezugsperson. Und dann schreib bitte auch noch hinein, ob dich die Krise rückblickend stärker gemacht hat. Ob sie für etwas gut war Vielleicht erkennst du am Ende eine Art Muster, eine Art persönliches Erfolgsgeheimnis, das du unbewusst bereits genutzt hast, zum Beispiel, dass in allen Krisen immer ein bestimmter Mensch an deiner Seite war oder dass es dir seit deiner Kindheit immer geholfen hat, reiten zu gehen, wenn du Stress hattest, oder ein Bild zu malen, wie die Zukunft aussehen soll.

Je klarer dir das wird, desto schneller kannst du bei der nächsten Krise reagieren. Und das Tolle ist: Du hast jetzt schwarz auf weiß vor dir, was du schon alles geschafft und bewältigt hast. Das ist dein Erfolgsblatt.

Du hast also schon einiges erfolgreich überwunden und es, wie schon gesagt, längst in dir, also darfst du auch darauf vertrauen, dass du diese und auch die nächsten Krisen meistern kannst, Stichwort Optimismus.

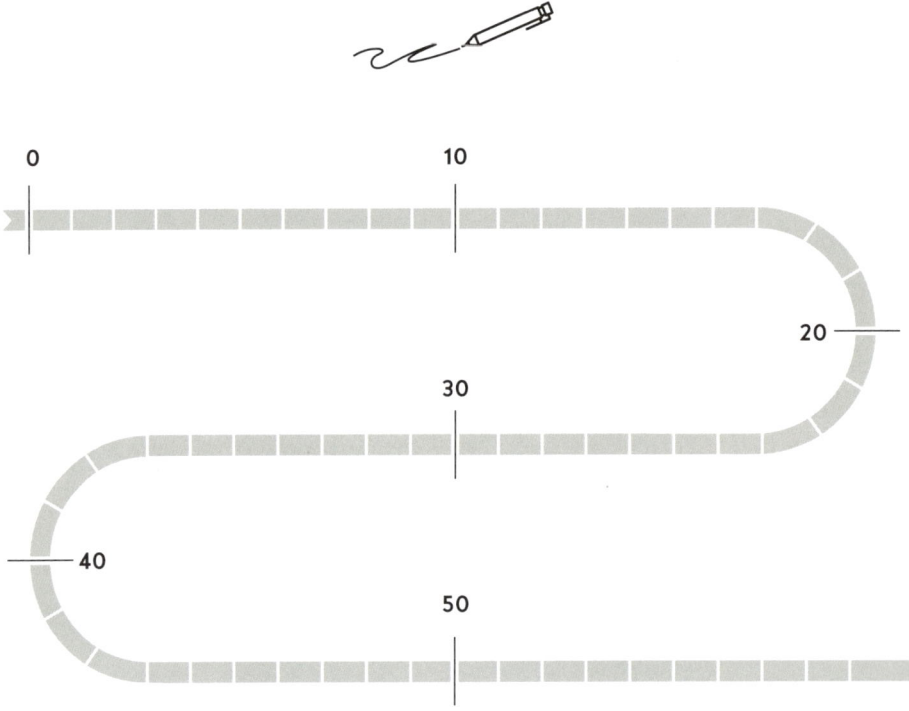

ENTDECKE DEINE KRISENKOMPETENZ

Vor dir siehst du einen Zeitstrahl, der alle Jahre und Jahrzehnte von deiner Geburt bis heute zeigt. Trag nun all deine Krisen ein und ordne jede einem Jahr zu. Alles, was dich traurig gemacht, dich aus der Bahn geworfen und erschüttert hat. Danach malst du hinter jede Krise eine Blase. Notier darin, wer oder was dir damals geholfen hat. Erkennst du ein Muster, ein persönliches Erfolgsgeheimnis?

Mein Tipp

Wenn dir der Platz nicht ausreicht, kannst du dir einen eigenen Zeitstrahl aufzeichnen.

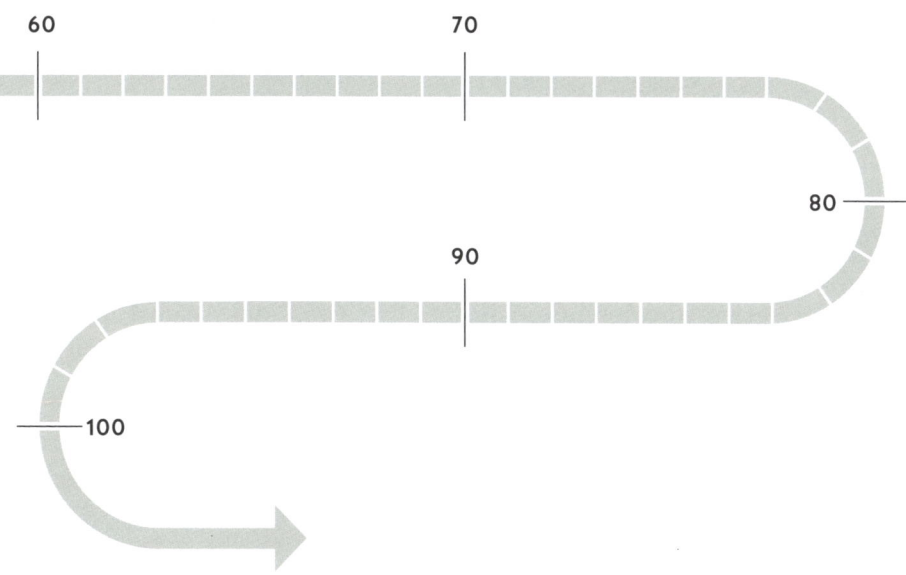

Heute geht es um eine Grundvoraussetzung
für ein resilientes Leben: Selbstfürsorge.

Das bedeutet, so zu handeln, wie es für dich gesund ist. Wenn du dich jetzt gerade umsiehst und um dich herum lauter leere Pizzakartons, Pralinenschachteln und Weinflaschen siehst, ist es definitiv an der Zeit, sich wieder mal um deine Gesundheit zu kümmern. Ich weiß, das will immer keiner hören, und ja, ich weiß auch, wie gut einem so eine Tafel Schokolade manchmal tun kann, aber die Betonung liegt eben auf manchmal.

Denn mal ganz ehrlich: Wie willst du dich besser fühlen, wenn du dich mit Zucker, schlechten Fetten und Alkohol vollstopfst und benebelst, ja vielleicht sogar regelrecht betäubst?

Wenn man es genau nimmt, sind Zucker und Alkohol nämlich absolutes Gift für deinen Körper, das sogar, ist leider so, in eine Abhängigkeit führen kann und am Ende alles nur noch viel, viel schlimmer macht. Darum schlage ich für heute vor, dass du mal einen Blick in deinen Kühlschrank und in deinen Vorratsschrank wirfst und gnadenlos alles aussortierst, was dir nicht guttut.

Sprich: Fertigprodukte, Zuckerbomben, Fast Food und Alkohol fliegen raus. Keine Panik, das heißt nicht, dass du nie wieder ein Glas Wein trinken darfst – es bedeutet erst mal nur, dass du es aus deinem Zuhause ausquartierst und dich bewusst dafür entscheidest, dir nur noch zu besonderen Gelegenheiten etwas in dieser Art zu gönnen, zum Beispiel, wenn du zum Abendessen verabredet bist. Das Schöne ist, dass du schon nach ein paar Tagen merken wirst, wie sich dein Körper erholt, wie deine Haut und dein Schlaf besser werden.

Wenn du damit fertig bist, deinen Kühlschrank auszusortieren, könntest du überlegen, was dir in puncto gesundheitlicher Selbstfürsorge noch alles einfällt und guttut. Und daraus kannst du dann entsprechende Ziele formulieren.

In Zukunft werde ich ... jede Nacht mindestens 7 Stunden schlafen, jeden Tag 2,5 Liter Wasser trinken, abends nur noch eine Stunde Netflix oder Fernsehen schauen ... und so weiter.

Wenn du gut für dich sorgst, stärkst du unmittelbar dein Selbstwertgefühl. Denn dieses Gefühl verändert sich nicht nur durch deine Gedanken oder durch das, was du dir selbst sagst, sondern auch durch deine Handlungen. Tust du Dinge, die dir selbst guttun, zeigst du dir, dass du dir wichtig bist. Und da kommen wir dann doch wieder zu einer Säule der Resilienz: Du übernimmst Verantwortung für dich und dein Leben. Du nimmst es in die Hand.

Und du schaffst das, das weiß ich!

SELBSTFÜRSORGE

Wenn du gut für dich sorgst, zeigst du dir, dass du dir selbst wichtig bist. Das gilt für deine Seele genau wie für deinen Körper. Notier heute fünf Dinge, die du in Zukunft für dich selbst tun möchtest.

„IN ZUKUNFT MÖCHTE ICH BESSER FÜR MICH SORGEN, UND ZWAR SO: ...“

_____

_____

_____

_____

_____

_____

_____

Keine Sorge, du musst nicht gleich alle Baustellen auf einmal angehen. Es reicht, wenn du dir kleine Ziele setzt und erst mal eine neue Sache angehst. Du wirst sehen: Das wird dir richtig guttun.

Ich weiß: Es gibt Tage, da schwirrt einem wahnsinnig viel im Kopf herum.

Die Gedanken rasen durch den Kopf, haben nicht wirklich Struktur und rauben uns manchmal regelrecht den Schlaf. Sie befassen sich nämlich mit allem Möglichen, mit unseren Gefühlen, unseren Sorgen, Ängsten und Zweifeln, aber natürlich auch mit völlig Belanglosem. Und am Ende raucht einem einfach nur noch der Kopf vor lauter Anstrengung und Grübelei.

Aber zu einem Ergebnis, das einem vielleicht auch mal weiterhelfen könnte, kommt man trotz aller Grübelei fast nie, weil die Gedanken dann doch sofort wieder verfliegen oder einfach nicht greifbar sind.

Eine gute Übung, Ordnung in das Chaos zu bringen, ist eine Schreibübung, die wir jetzt zusammen machen. Setz dich an einen Ort, wo du eine Viertelstunde lang ungestört bist, am besten mit den leeren Zeilen, die du auf den kommenden Seiten findest.

Und jetzt beobachte alle, wirklich alle Gedanken, die durch deinen Kopf wandern, und schreib sie auf, Wort für Wort oder als Satz, vollkommen ungeschminkt, genau so, wie sie kommen, ganz egal, wie sinnvoll, dumm oder tiefgründig sie sind. Das können sogar deine Gedanken zu dieser Übung sein.

So oder so ähnlich könnte das zum Beispiel klingen:

„Meine Güte, was hat der Wimmer sich denn hier wieder ausgedacht! Da hab ich ja gar keine Lust drauf, eigentlich müsste ich noch einkaufen fahren. Haben wir noch Milch? Na ja, eigentlich wollte ich ja eh auf Mandelmilch umsteigen, wegen meines Magens. Das kann ich tatsächlich besser ab. Hatte schon lange keine Magenschmerzen mehr. Oah, Magenschmerzen, nachher muss ich ja noch meine Schwester anrufen, da zieht sich mir jetzt schon der Magen zusammen. Aber ich habe ja gelernt, mich davon nicht so mitreißen zu lassen. Und auch sonst geht's mir eigentlich besser, wenn ich drüber nachdenke, obwohl, vielleicht liegt es einfach nur daran, dass ich jetzt früher ins Bett gehe. Oder doch das mit dem Meditieren? Ich weiß ja nicht, noch kann ich mich nicht so richtig drauf einlassen. Puh, ist denn die Zeit noch nicht um? So ein Mist. Apropos, ich muss noch mit dem Hund raus. Wo ist der bloß wieder?"

So oder so ähnlich könnte es klingen. Und wenn die Zeit um ist, liest du dir noch einmal durch, was du aufgeschrieben hast. Geh mit einem Stift durch und unterstreich die Gedanken, die dir tatsächlich etwas bringen. Das ist die Bilanz deiner Gedanken, so ein bisschen wie bei einem Kontoauszug, da zählt ja am Ende auch, was unter dem Strich steht und nicht jeder kleine 2-Euro-90-Einkauf.

„15 MINUTEN IM GEDANKENKARUSSELL"

Diese Schreibübung bringt Ordnung in das Gedankenchaos: Setz dich an einen Ort, wo du eine Viertelstunde lang ungestört bist, und schreib jeden Gedanken, der dir in den Kopf kommt, auf. Wort für Wort oder als Satz, vollkommen ungeschminkt, genau so, wie sie kommen. Wenn die Zeit um ist, gehst du noch mal durch deine Gedanken. Unterstreich alle, die einen echten Inhalt haben. Sind neue dabei? Spannende Gedanken? Kannst du daraus etwas für dich ziehen?

UND HIER GEHT'S LOS:

GERADE MUSS ICH DARAN DENKEN, ...

Tag 20

*Wir sind noch mittendrin, die sieben Säulen
deiner Resilienz zu stärken.*

Eine wirklich gute Übung, die ich selbst sehr gerne mache, ist die Res
sourcenorientierung. Ein schickes Wort, das etwas hochgestochen klingt,
aber eigentlich nur bedeutet, dass wir heute herausfinden wollen, welche
stärkenden Ressourcen du bereits in dir hast, also einfach gesagt: Welche
Fähigkeiten und Kompetenzen hast du? Was kannst du richtig gut? Wo-
rin macht dir keiner etwas vor? Welche Eigenschaften schätzt du an dir?
Was magst du alles an dir?

Ich stelle mir dabei ja immer eine innere Speisekammer vor, in die ich
reingehe und schaue, was da alles rumsteht. Tür auf und ins erste Regal
geschaut: Ach guck mal, was stehen da alles noch für tolle Fähigkeiten
rum, im Einweckglas, da muss ich ja nur den Deckel aufschrauben und
zack, habe ich sie. Hier steht zum Beispiel, dass ich supergut backen
kann, und dort, dass ich ein klasse Schwimmer bin. Im Pokern und beim
Doppelkopfspielen, da macht mir auch niemand was vor. Und außerdem
habe ich eine ganz passable Ausdauer beim Joggen.

Und was haben wir in diesem Schrank? Ach, hätte ich ja fast vergessen: In dem Schrank steht noch eine Dose von meinem Humor, und die
ist noch nicht mal abgelaufen, hahahahaha. Und gleich daneben steht
meine Fairness, für die mich meine Kollegen immer geschätzt haben. Die
ist aber abgelaufen, hahahaha.

Du siehst, in deinem inneren Vorratsschrank könnte auch noch einiges stehen, was du längst vergessen oder verloren geglaubt hast. Schau doch mal auf die nächste Seite, dort findest du Fragen zu deinen Fähigkeiten, auf die du immer zurückgreifen kannst, weil du sie längst in dir hast. Diese Übung stärkt also dein Selbstbewusstsein und das Vertrauen in dich und deine Fähigkeiten.

Du bist nämlich
viel toller, als du denkst!

♡

DAS IST DEIN INNERER VORRATSSCHRANK.

Auf die Dosen, Gläser und Pakete kannst du jetzt all die wunderbaren Eigenschaften, Fähigkeiten und Talente schreiben, die dich ausmachen. Gerne auch die Menschen, auf die du zurückgreifen und dich verlassen kannst. All das steckt bereits in dir. Toll, oder?

FÜLL DIE GLÄSER MIT DEINEN ANTWORTEN.

Tag 21

Wieder stark werden,
darum geht es jetzt.

Gestern haben wir über positive Ressourcen, also deine vielen wunderbaren Fähigkeiten und Eigenschaften gesprochen, die dich stark machen. Da ist doch einiges zusammengekommen, wahrscheinlich mehr, als du anfangs gedacht hättest, oder?

Heute machen wir eine weitere tolle Übung, die dich stärken soll. Es handelt sich um das Führen eines Dankbarkeitstagebuchs. Es muss kein richtiges Tagebuch sein, es reicht auch ein Notizblock oder sogar nur ein paar Zettel. Es wäre also gut, wenn du dir ein Büchlein oder einen Notizblock für die Übungen der nächsten Tage zulegst.

Also, ab heute notierst du jeden Abend vor dem Schlafengehen drei Dinge oder Momente, für die du dankbar bist. Dinge, die du gut hinbekommen hast, die dir gutgetan haben, die dich stolz oder einfach nur happy gemacht haben. Egal, wie banal es war: Jede Kleinigkeit zählt.

Warum das Ganze? Das ist eine sehr gute Frage. Ganz einfach: Du stärkst so den Blick für die vielen kleinen positiven Dinge im Leben, die wir so oft gar nicht mehr bemerken. Das kann der Anruf einer guten Freundin sein, über den du dich gefreut hast. Ein nettes Lächeln, das dir jemand im Supermarkt geschenkt hat, oder der Fakt, dass dich jemand beim Anstehen beim Bäcker vorgelassen hat. Vielleicht hast du heute auch einen tollen Film gesehen, der dich berührt hat, und bist dafür dankbar. Oder du hast heute richtig lecker gegessen. Egal, was es ist: Schreib es auf und halt es einen Moment fest.

Wenn du kein Tagebuch führen willst und auch kein Notizbuch oder keinen Zettel zur Hand hast, kannst du dafür auch das Aufgabenblatt kopieren, klein schneiden und den Stapel danach auf deinen Nachttisch legen, wo du ihn jederzeit zur Verfügung hast, um deine Momente darauf zu notieren. Und wenn du Lust hast, kannst du deine Glücksmomente danach in ein Einmachglas stecken. Wenn du an einem düsteren Tag mal ein paar Sonnenstrahlen brauchst, nimmst du dir einen Zettel raus, erinnerst dich an den Moment und vielleicht wird er dann ein zweites Mal zu einem Lächeln. Oder du nimmst eben das kleine Büchlein, das du eh schon hast oder dir besorgt hast, und schaust dort hinein.

DEINE GLÜCKSMOMENTE

Notier ab heute jeden Abend vor dem Schlafengehen drei Dinge oder Momente, für die du dankbar bist. Dinge, die du gut hinbekommen hast, die dir gutgetan haben, die dich stolz oder einfach nur happy gemacht haben. Schneid dazu die Kärtchen unten aus und füll sie nach und nach in den kommenden Tagen aus. Danach fertigst du eigene Zettel an. Wichtig: Wirf deine Kärtchen jeden Abend in ein großes Einmachglas. Sammle deine Glücksmomente dort für schlechte Zeiten.

An schlechten Tagen können dir
deine Glücksmomente das Herz wärmen.

Meine 3 Glücksmomente am

- - - - - - - -

🍀

_____

_____

_____

Meine 3 Glücksmomente am

- - - - - - - -

🍀

_____

_____

_____

Meine 3 Glücksmomente am

- - - - - - - -

🍀

_____

_____

_____

Meine 3 Glücksmomente am

- - - - - - - -

🍀

_____

_____

_____

Meine 3 Glücksmomente am

- - - - - - - -

🍀

_____

_____

_____

Meine 3 Glücksmomente am

- - - - - - - -

🍀

_____

_____

_____

Tag 22

Tu dir heute was Gutes.

Wir haben diese Woche ja schon über die Wichtigkeit von Selfcare, also dass du dich gut um dich selbst kümmerst, gesprochen. Heute ist mal wieder ein perfekter Tag, um dir selbst etwas richtig Gutes zu tun. Vielleicht hast du heute Lust auf einen schönen Ausflug zum See, ans Meer, in die Berge oder in den Park. Vielleicht machst du einen Spaziergang durch den Zoo oder setzt dich mit einer Zeitung ins nächste Café und gönnst dir ein Stück Kuchen. Und wenn es dafür schon zu spät ist: Überleg dir, was du dir sonst noch Gutes tun könntest. Vielleicht schnappst du dir einfach ein gutes Buch, dein Lieblingsalbum oder deinen Lieblingspodcast und lümmelst dich aufs Sofa. Oder du rufst mal wieder eine gute Freundin an und kochst dir danach etwas richtig Leckeres zu essen. Ich sag nur: Gönn dir etwas. Alles, was dir guttut, ist heute erlaubt.

So, jetzt gönn dir!

MEIN SELFCARE-ABEND

Notier alles, was du heute Abend machen möchtest. Erlaubt ist alles,
was dir guttut und Spaß macht. Worauf hast du Lust?

MEIN ABEND BEGINNT UM: _____ UHR

MEINE IDEEN:

_____

_____

_____

_____

_____

_____

_____

_____

_____

_____

_____

_____

_____

_____

_____

_____

Wow, du hast schon so viel geschafft. Wahnsinn!
Dass du heute hier bist, ist ganz allein dein Werk!

Du hast das geschafft, niemand sonst. Wir haben über so vieles gesprochen und du hast dich immer wieder durch die Übungen und Aufgaben gearbeitet, auch wenn es sicher nicht leicht war oder sogar wehgetan hat. Da kann man schon mal das Gefühl bekommen: „Hey, das läuft ja alles wieder!" Vielleicht fühlst du dich dieser Tage sogar unverwundbar, zumindest ein bisschen.

Jetzt haben wir in den letzten Tagen und Wochen immer wieder festgestellt, dass uns Krisen jederzeit treffen können. Sie passieren dir, mir, uns allen. Und nur weil man eine Krise hatte oder einem etwas Schlimmes widerfahren ist, heißt das leider nicht, dass man dadurch vor der nächsten kleinen oder großen Katastrophe geschützt ist. Da kann das Karmakonto noch so im Plus sein oder die Lebensbilanz noch so „Alter, jetzt habe ich aber auch mal Ruhe verdient" schreien. Das nächste Ding kommt bestimmt. Das kann eine Krise in deiner Beziehung sein, im Job oder unter Freunden. Auch in der Familie gibt es immer wieder Krisen, wem sag ich das … So ist das Leben eben, wir sind alle nicht davor gefeit, dass uns oder den Menschen, die wir lieben, schlechte Dinge passieren.

Eigentlich ein düsterer Ausblick. Trotzdem ist es gut, dass du sagst: „Bei mir läuft es" oder dich weniger verwundbar fühlst. Ich gehe doch zehnmal lieber so in die nächste Krise als mit der Einstellung, dass mich der nächste Windstoß umpusten wird. Und du weißt ja: Das wird er nicht.

Denn wir haben auch darüber gesprochen, dass selbst in der Krise Chancen liegen. Dass wir Krisen sogar brauchen, um uns immer weiterzuentwickeln, um uns neu zu erfinden, um unsere Komfortzone zu verlassen und von der Raupe zum Schmetterling zu werden. Krisen haben eine wahnsinnige Energie und stärken uns, auch wenn es sich beim Durchstehen alles andere als so anfühlt. Ich habe Menschen begleiten dürfen, denen ist so viel Schlimmes passiert, dass ich dachte: Wie können die denn noch lächeln? Aber genau diese Menschen genießen ihren Kaffee am Morgen noch etwas intensiver und gehen bewusster in den Tag als viele Menschen, bei denen es das Schicksal bisher gut meinte. Ich kann dir sagen, von diesen Menschen habe ich gelernt, es auch so zu machen, die Schicksalsschläge zu akzeptieren, ohne dabei aufzugeben. Früher als Kind habe ich ganz viel Alf-Hörspielkassetten zum Einschlafen gehört. In einer Folge sagte er in seiner typisch lockeren Art: „Wenn dir das Leben Zitronen zuteilt, dann musst du halt Limonade draus machen!"

Sicher ist: Die nächste Krise kommt bestimmt. Darum habe ich mir für heute eine besondere Aufgabe überlegt, die ich persönlich sehr schätze:

Heute notierst du deine ganz persönlichen Krisenstrategien für die nächste Kelle, die dir das Schicksal einschenken wird. Du schreibst auf, was dich in dieser oder in der letzten Krise stark gemacht hat. Geh die Krisen, die du überstanden hast, noch mal in Ruhe durch. Wir haben ja schon eine Übung dazu gemacht und notiert, was uns in den Krisen geholfen hat und wie wir uns selbst geholfen und uns am eigenen Kragen aus dem Loch rausgezogen haben. Heute wollen wir diese Dinge, diese Kraftstrategien, noch einmal aufgreifen und daraus einen kleinen Notfallkoffer für schlechte Zeiten zusammenstellen, der ganz individuell auf dich zugeschnitten ist. Folgende Fragen kannst du dabei beantworten:

1. WELCHE EIGENSCHAFT AN MIR SELBST HAT MIR DIE KRAFT FÜR DIE BEWÄLTIGUNG DER KRISE GEGEBEN?

Das kann so was sein wie Durchhaltevermögen, Humor, Offenheit, Hartnäckigkeit, innere Ruhe ... Das weißt du ja viel besser als ich, was dich ausmacht.

2. WELCHE AUFMUNTERNDEN WORTE HABEN MICH STARK GEMACHT?

Bei mir war das zum Beispiel der Satz eines befreundeten Soldaten aus meiner Zeit im Bundeswehrkrankenhaus. Der hat gesagt: Johannes, Kopf hoch, tapfer sein! Einfach so, ohne viel Drumherum. Ganz einfach nach dem Motto: Junge, es ist jetzt, wie es ist, hilft nur eins, Kopf hoch und tapfer sein.

3. WELCHE AKTIVITÄTEN HABEN MIR GUTGETAN?

Du kannst auch aufschreiben, was dir guttun würde, selbst wenn du es in den letzten Krisen gar nicht gemacht hast. Das kann ein Spaziergang sein, ein besonderes Buch oder ein Abendessen mit einer Freundin. Du darfst aufschreiben, was du willst, ob es dann später auch klappt oder nicht, das ist hier und jetzt egal. Jetzt geht es um deine Idealvorstellung. Also, was von dem, was du getan hast, hat dir gutgetan?

4. WER HAT DIR IN DER SCHWEREN ZEIT GEHOLFEN? WER HAT DIR GUTGETAN?

Schreib die Namen einfach auf. Diese Menschen sind wie ein Rettungsring auf stürmischer See, nachdem dein Boot namens „Mein Leben" Schiffbruch erlitten hat.

Und ja, bevor du es jetzt sagst, ich weiß: Natürlich kann es sein, dass dieser Mensch, der dir beigestanden hat, nicht mehr da ist. Vielleicht ist sogar die große Katastrophe, dass genau dieser geliebte Mensch verstorben ist. Dann darfst du den Namen trotzdem aufschreiben. Schließ einfach die Augen und stell dir diese Person vor, mit ein wenig Fantasie siehst du sie dann sicher vor dir. Sie wird es dir von ganz allein sagen.

Ich habe in meinem Herzen einen Rat der Weisen, Menschen, die nicht mehr da sind oder denen ich mal begegnet bin, die ich aber nicht mehr aufsuchen kann, vielleicht ein Patient von früher, eine Kindergärtnerin, die ich besonders mochte, oder ein Freund, zu dem der Kontakt abgebrochen ist. Wann immer du den Rat der Weisen brauchst, kommt er für dich zusammen und hilft dir. Es gab Momente, da tat mir das unglaublich gut, und es ist ein schöner Ausblick zu wissen, dass ich diese Menschen vor meinem geistigen Auge immer wieder zusammenrufen kann.

Wenn du also das nächste Mal in eine Krise schlitterst, brauchst du nur noch deinen Notfallkoffer herauszuholen und von dir selbst zu lernen beziehungsweise dich zu erinnern. Sammle alles gerne erst mal auf einem Blatt, schreib ruhig einfach das hin, was dir in den Sinn kommt. Und dann schreibst du es noch einmal sauber auf. Du kannst ein Foto davon machen, dann hast du den Notfallkoffer immer auf dem Handy dabei.

DEIN KRISEN-NOTFALLKOFFER

Geh die Krisen, die du überstanden hast, noch einmal in Ruhe durch. Du hast ja auch schon eine Übung dazu gemacht und notiert, was dir geholfen hat. Beantworte nun folgende Fragen, hier oder auf einem Extrazettel.

1. WELCHE EIGENSCHAFTEN HABEN DIR DIE KRAFT FÜR DIE BEWÄLTIGUNG DER KRISE GEGEBEN?

_____

_____

_____

_____

_____

_____

_____

2. WELCHE AUFMUNTERNDEN WORTE HABEN DICH STARK GEMACHT?

_____

_____

_____

_____

_____

_____

3. WELCHE AKTIVITÄTEN HABEN DIR GUTGETAN?

---

4. WEN HAST DU UM UNTERSTÜTZUNG GEBETEN?

Pack diese Liste in einen Pappkarton, den du rausholen kannst, wenn es dir nicht gut geht. In diesem Karton kannst du weitere Dinge aufbewahren, die dir helfen: deinen Lieblingstee, ein Buch, ein Foto, das dir Kraft gibt oder dich zum Lachen bringt. Du kannst auch ein Foto von deinen Antworten machen, dann hast du den Notfallkoffer immer auf dem Handy dabei.

Tag 24

Jeder von uns hat so seine Komfortzonen, aus denen bewegen wir uns nur ungern heraus. Aber wieso?

Ganz einfach: Sie geben uns ein Gefühl von Sicherheit. Da kennen wir uns nämlich aus. Klingt jetzt erst mal gar nicht so schlimm, sondern eher gemütlich. Ja, irgendwie muckelig, oder? Aber: Mit Komfortzone ist nicht unser kuscheliges Bett oder das gemütliche Sofa gemeint, sondern auch und vor allem die Komfortzonen, in denen wir uns so richtig schön eingerichtet haben, die mitunter aber überhaupt nicht gemütlich sind, sondern ungesund, ungemütlich und einschränkend.

Ich gebe dir mal ein paar Beispiele: Das Rauchen ist so eine ungesunde Komfortzone. Jahrelang raucht man vor sich hin, gibt Unmengen Geld aus, weiß, dass es ungesund ist, nicht besonders toll riecht – und vielleicht will man auch selbst gar nicht rauchen. Aber man macht es halt, weil es so am einfachsten ist. Aufhören würde nämlich ordentlich Willenskraft erfordern – und den Mut zur Veränderung. Man müsste also raus aus seiner Komfortzone.

Du bist kein Raucher? Auch gut, dann habe ich ein anderes Beispiel. In eine ähnliche Kategorie gehören auch gesunde Ernährung oder Sport beziehungsweise ungesunde Ernährung und kein Sport. Die Tafel Schokolade in Kombination mit einer Tüte Chips, eine Bombenkomfortzone, die lenkt nämlich so schön von den Problemen ab und macht für den Moment echt glücklich. Und wenn du dich dann über die vielen Pfunde zu viel ärgerst, rate, wer dich tröstet! Genau, die Tüte Chips und die Tafel

Schokolade, die sind nämlich immer für dich da und warten geduldig, bis du sie wieder aus dem Supermarkt holst.

Aber auch Verhalten ohne Zigarette oder Schokolade kann eine ungesunde Komfortzone sein. Lieber über andere motzen und Fehler bei den Freunden und Familie suchen anstatt bei sich selbst, das ist quasi der Premium-Massagesessel der negativen Komfortzonen.

Wer sich von seinen negativen Komfortzonen trennen möchte, der muss etwas tun, aber dafür besteht ja im normalen Alltag erst mal kein Anlass.

Aber das Tolle ist: Krisen geben uns diesen Drive, etwas zu ändern. Das zeigt auch die Coronazeit. Denk mal zurück: So viele Menschen haben plötzlich angefangen, ihr Leben umzukrempeln, nachdem die ersten Wochen und Monate rum waren. Denn nach dem Schock, der Unsicherheit und dem Emotionschaos kam die Suche nach Lösungen und die Neuorientierung. Und zack: Plötzlich war da Energie für Dinge, die manch einer ohne Krise nicht angegangen wäre.

Jetzt zu dir. Wie sieht es in diesem Punkt in deinem Leben aus? Gibt es negative Komfortzonen, in denen du dich schon lange häuslich eingerichtet hast, die du aber am liebsten loswerden würdest? Jetzt ist die Zeit gekommen, all das aus deinem Leben zu streichen – oder zumindest eine davon. Dinge, auf die du schon lange keine Lust mehr hast. Das können wie gesagt auch Eigenschaften sein, wie mutiger durchs Leben zu gehen, anstatt sich wohl darin zu fühlen, alles immer über sich ergehen zu lassen und sich nicht zu trauen.

Überleg dir heute ganz gezielt fünf Dinge oder Bereiche deines Lebens, die dir auf den Senkel gehen, und notier sie auf deinem Aufgabenblatt. Und überleg danach, wie du in den Bereich mehr Würze bringen könntest. Wie du ihn verändern könntest. Keine Panik, es muss ja nicht gleich die volle Keule sein. Wenn du es nicht leiden kannst, so eine Couch-Potato geworden zu sein, könntest du zum Beispiel damit starten, dir ein Fahrrad zu kaufen. Oder jeden Tag eine Stunde spazieren zu gehen, das tut mir ja supergut. Erst immer die gleiche Runde, dann habe ich angefangen, mir schöne Ziele in der Umgebung auszugucken. Und wenn du gerne gesünder essen möchtest, könntest du damit anfangen, mal 30 Tage auf Zucker zu verzichten. Du hast die Veränderungen in der Hand – genau wie den Abschied von negativen Komfortzonen.

RAUS AUS DER KOMFORTZONE

Gibt es negative Komfortzonen, in denen du dich schon lange
häuslich eingerichtet hast, die du aber am liebsten loswerden würdest?
Schreib fünf Dinge auf, was du gerne ändern würdest, und überleg,
wie du das schaffen könntest.

KOMFORTZONE 1:

_____

_____

WAS MÖCHTEST DU ÄNDERN?

_____

_____

_____

KOMFORTZONE 2:

_____

_____

WAS MÖCHTEST DU ÄNDERN?

_____

_____

_____

KOMFORTZONE 3:

_____

_____

_____

_____

WAS MÖCHTEST DU ÄNDERN?

_____

_____

_____

_____

_____

_____

KOMFORTZONE 4:

_____

_____

_____

_____

WAS MÖCHTEST DU ÄNDERN?

_____

_____

_____

_____

_____

_____

KOMFORTZONE 5:

_____

_____

_____

_____

WAS MÖCHTEST DU ÄNDERN?

_____

_____

_____

_____

_____

Keine Sorge, du musst dir nicht gleich alle Bereiche vorknöpfen. Es reicht völlig, wenn du erst mal eine Sache angehst und dich in kleinen Schritten vortastest. Du bestimmst das Tempo!

Heute geht's an die Recherche.

Gestern haben wir über den Abschied von Komfortzonen gesprochen. Da bin ich ja mal gespannt, wofür du dich entschieden hast.

Also: Was möchtest du gerne loslassen und was neu etablieren? Such dir davon heute eine Sache raus. Entweder eine Sache, auf die du am meisten Lust hast, die dich am meisten stört oder die gerade am besten in dein Leben passt. Es muss ja nicht gleich der Tauchschein sein, vielleicht sind es ja erst mal Spaziergänge. Heute ist der erste Tag auf deiner Reise und heute machst du etwas, was mir selbst riesige Freude macht, nämlich gleich damit loszulegen und intensiv in die Recherche einzusteigen, also mal zu suchen, was es zu deinem Vorhaben alles so gibt.

Denn bei vielen Themen ist es sinnvoll, sich erst mal ausführlich zu informieren, wie ein Reporter, der erst mal recherchiert, bevor er jemanden zum Interview trifft oder einen Artikel schreibt. Wie du das am besten angehst? Vielleicht kaufst du dir ein passendes Buch zum Thema, zum Beispiel, wenn du aufhören möchtest zu rauchen oder deine Ernährung verbessern möchtest. Oder du schaust mal, was es online dazu gibt, und liest dich ein.

Heute ist ein guter Tag, um damit zu starten, vielleicht mit einem Besuch im Buchladen oder einer schönen Tasse Tee vor deinem Laptop, Tablet oder Handy.

KOMFORTZONEN-RECHERCHE

Aus welcher Komfortzone möchtest du gerne heraus? Heute ist ein guter Tag, um dich schlauzumachen. Google dein Thema, such nach Ratgebern oder Erfahrungsberichten und lass dich inspirieren.

„Ich möchte mich schlaumachen zu: _____,

damit ich dann _____machen/sein kann"

HIER FINDEST DU GUTE INSPIRATIONEN, IDEEN UND UMSETZUNGSVORSCHLÄGE:

- SPANNENDE BÜCHER (RATGEBER, ERFAHRUNGSBERICHTE)
- GUTE GESPRÄCHSPARTNER*INNEN
- EINE DOKU ZUM THEMA IN DER MEDIATHEK, BEI YOUTUBE, NETFLIX, AMAZON UND CO.
- WORKSHOPS ODER SCHNUPPERKURSE
- SUCHE BEI GOOGLE, YAHOO UND ANDEREN SUCHMASCHINEN NACH WEBSEITEN ZU DIESEM THEMA. ACHTE DABEI AUF DIE SERIOSITÄT UND DEN ABSENDER DER INFORMATIONEN.

Tag 26

Heute ist Verabredungstag.
Whohooo!

In den letzten Wochen haben wir mehrmals darüber gesprochen, wie wichtig es ist, sich ein stabiles Netzwerk aus Menschen, die wertschätzend und achtsam sind, aufzubauen.

Schau deine Kontaktliste im Handy durch und frag einen Menschen, den du lange nicht gesehen hast, aber eigentlich sehr schätzt, nach einer spontanen Verabredung. Vielleicht erledigst du das heute in der Mittagspause mit einem Anruf oder einer Nachricht, die du so formulieren könntest: „Hey, ich hab gerade an dich gedacht. Hast du Lust auf einen Spaziergang heute Abend?" Oder ein Abendessen oder ein Bier oder was auch immer. Ich weiß, das ist sehr spontan und die Wahrscheinlichkeit, einen Korb zu bekommen, ist hoch. Ich habe ja auch nicht gesagt, es muss gleich beim ersten Kontakt, den du anrufst oder dem du schreibst, klappen. Es kommt heute vor allem darauf an, es überhaupt zu tun. Falls du ein komisches Gefühl dabei hast: Entspann dich. Das Schlimmste, was dir passieren kann, ist, dass es dem anderen etwas zu spontan ist und er oder sie keine Zeit hat. Das ist wie gesagt gar nicht so unwahrscheinlich, wir haben schließlich alle viel um die Ohren.

Aber: Vermutlich wird er oder sie dann mit einem Gegenvorschlag antworten: „Hey, gerne, heute passt es mir leider überhaupt nicht, aber wie wäre es nächste Woche Mittwoch?" Ha! Und zack, schon hast du eine Verabredung mit einem netten Menschen, die dir bestimmt guttun wird.

Und ich kann dir nur empfehlen, genau so weiterzumachen. Gerade in der letzten Zeit haben sich viele von uns nämlich ziemlich zurückgezogen und nun liegt es an uns, auch an dir und mir, alte Kontakte wieder aufleben zu lassen. Sofern wir das denn wollen.

Denn natürlich gilt auch hier: Umgib dich nur mit Menschen, die dir guttun und Gutes wollen, nicht mit Leuten, für die in deinem neuen Leben kein Platz mehr ist. Da darfst du auch gerne konsequent sein. Bei wem du eher kein gutes Bauchgefühl hast, der oder die kommt nicht auf die Liste der spontanen Anrufe und Nachrichten.

Also auf geht's! Wenn du dich nicht entscheiden kannst, wen du anrufen möchtest, oder es mehrere sind, kannst du sie gleich im Arbeitsblatt notieren. Dann brauchst du nächste Woche nur schnell draufzuschauen und weißt, aha, ich wollte doch Mario und Nele anrufen.

HEUTE IST VERABREDUNGSTAG

Mit wem möchtest du dich mal wieder verabreden? Wen hast du lange nicht mehr angerufen? Heute ist eine gute Gelegenheit, mal wieder alte Kontakte aufleben zu lassen. Notier alle Menschen, die du mal wieder kontaktieren und sehen möchtest:

Du musst nicht alle Menschen auf deiner Liste heute anrufen und treffen. Und fühl dich nicht verpflichtet. Es geht vielmehr darum, zu überlegen, wen du eigentlich gernhast, aber lange nicht mehr gesprochen hast. Es kann nämlich sehr guttun, diese Menschen wieder in dein Leben zu lassen.

Tag 27

Heute machen wir eine meiner absoluten Lieblingsübungen!
Hahaha, da bist du schon gespannt, was?

In den letzten Wochen haben wir darüber gesprochen, dass viele Menschen dazu neigen, aus Angst vor Krisen allen Risiken und Herausforderungen aus dem Weg zu gehen – und zwar, indem sie ihre Träume ganz tief begraben, sozusagen in einem imaginären Pappkarton, den sie danach unterm Bett verstecken.

Was da drinsteckt? Du weißt schon: Wenn ich mir die Liebe vom Hals halte, dann kann mich auch keiner verlassen. Oder auch: Wenn ich mich nicht um den neuen Job bewerbe, dann kann ich auch keine Absage bekommen und so weiter.

In den letzten Tagen und Wochen hast du viel über dich erfahren. Heute möchte ich, dass du dir mal überlegst, ob du auch so einen Pappkarton mit alten, ungelebten Träumen hast, die du aus Angst vor dem hohen Risiko zu den Akten gelegt hast.

Nimm dir heute ruhig mal eine halbe Stunde Zeit und notier auf deinem Aufgabenblatt fünf Dinge, die du eigentlich schon immer mal wagen wolltest, aber aus Angst vor dem Leben außerhalb deiner Komfortzone nie getan hast. Welche sind das? Es dürfen auch Dinge sein, die du mal vor langer Zeit gemacht hast, dich dann aber nicht mehr getraut hast, sie wieder anzugehen. Vielleicht, weil du es vermasselt hast, dabei gestürzt bist oder irgendwann sich auf einmal die Angst eingeschlichen hat.

WOVON TRÄUMT DEIN HERZ?

Nimm dir eine halbe Stunde Zeit und notier fünf Dinge, die du schon immer mal wagen wolltest, aber aus Angst vor dem Leben außerhalb deiner Komfortzone nie getan hast. Welche sind das?

MÖGLICHE ANTWORTEN KÖNNTEN SEIN:

— ICH TRÄUME DAVON, MICH NOCH EINMAL ZU VERLIEBEN.
— ICH TRÄUME DAVON, ALLEIN ZU VERREISEN.
— ICH TRÄUME DAVON, ZU KÜNDIGEN UND MICH BERUFLICH ZU VERÄNDERN.

UND HIER KOMMT DEINE BÜHNE! ERGÄNZE: ICH TRÄUME DAVON …

1. _____
2. _____
3. _____
4. _____
5. _____

Gut gemacht, liest sich super, oder? Such dir von den fünf Punkten eine Sache aus, die dir am wichtigsten ist. Du weißt doch: Du kannst dich neu erfinden, sein, wer du sein möchtest. Und heute geht's los!

Tag 28

*Es ist Zeit, dass der Schmetterling seine Flügel ausbreitet
und bereit ist, in sein neues Leben zu fliegen.*

In dieser Woche geht es nicht nur darum, für die kommende Krise gewappnet zu sein, sondern auch darum, wie wir die Zeit nach der Krise
neu gestalten können. Vielleicht bist du schon an diesem wunderbaren
Punkt angelangt, wie der Schmetterling in der Überschrift, und hast das
Gefühl, dass du jetzt alles erreichen kannst, weil du so viel Energie hast.
Ein Megagefühl, oder? Und ich wünsche dir, dass du die Welle noch ein
bisschen weiterreiten kannst. Wie? Ganz einfach, mit einer Übung, die
ich mir vor Jahren von einer älteren Lady geklaut habe, die sie mir damals als ganz persönliches Lebensmotto mit auf den Weg gegeben hat.

Das Lebensmotto der älteren Lady ist total simpel, aber superwirkungs-
voll: Mach oder lern jeden Tag etwas Neues! Und wenn es nur fünf Minuten sind. Sie hat das 5-Minuten-Abenteuer genannt.

Und ich sage dir, das ist eine total geniale Übung, die unglaublich viel
Potenzial hat. Denn sie schenkt dir genau das: Jeden Tag eine neue Erfahrung, und es sind doch die Erfahrungen, die unser Leben reicher
machen, oder nicht?

Keine Sorge, du brauchst jetzt nicht jeden Tag ein neues Hobby zu lernen, es sei denn, du hast Lust drauf. Es geht hier mehr um kleine Dinge,
die du dir selbst zusammenstellen kannst. Hier ein Beispiel für eine Woche mit neuen Dingen, die du easy in deinen Alltag integrieren kannst:

Montag: Mit dem Fahrrad einen anderen Weg zur Arbeit fahren.

Dienstag: Ein Rezept aus dem Kochbuch nachkochen, das schon seit drei Jahren im Regal liegt.

Mittwoch: Eine Sprach-App runterladen und zehn Vokabeln lernen.

Donnerstag: Im Obst- und Gemüseladen eine Frucht kaufen, die du noch nie probiert hast.

Freitag: Eine spannende Doku anschauen, die du noch nicht kennst.

Samstag: Zeit für einen Ausflug, an einen Ort, an dem du noch nie warst.

Sonntag: Na, und wonach ist dir heute? Sei heute ganz spontan!

Probier es mal aus, ich bin mir sicher, es wird dich total beflügeln. Denn wir Menschen sind neugierige Wesen. Als Kinder haben wir uns ohne zu überlegen von einem Abenteuer ins nächste gestürzt. Das geht heute natürlich nicht mehr – aber wir können uns ein bisschen von dem Spirit in unser Leben zurückholen, kleine Miniabenteuer erleben und so vielleicht etwas entdecken, was wir sonst nicht getan hätten. Wenn du möchtest, kannst du auf dem Aufgabenblatt schon mal brainstormen, was du mal ausprobieren könntest, eine Liste mit deinen persönlichen 5-Minuten-Abenteuern. Aber du kannst das auch jeden Tag ganz spontan entscheiden. Und irgendwann kommt die Neugier von ganz allein zurück. Dann meldet sich die kleine Stimme in dir automatisch und sagt: „Hey, du könntest heute doch auch mal diesen Weg nehmen, den hast du noch nie genommen." Und schon bist du unterwegs zu neuen Ufern.

MEINE 5-MINUTEN-ABENTEUER

Schreib auf, was du gerne mal ausprobieren möchtest, und erstell eine Liste mit deinen persönlichen 5-Minuten-Abenteuern.

PLANE FÜR NÄCHSTE WOCHE AN JEDEM TAG ETWAS EIN,
WAS DU NOCH NIE GEMACHT HAST:

MONTAG:

DIENSTAG:

MITTWOCH:

DONNERSTAG:

FREITAG:

SAMSTAG:

SONNTAG:

Mein Tipp

Starte mit kleinen Abenteuern.

Tag 29

Ich wünsche dir von Herzen, dass du dich jetzt wieder sicherer und nicht mehr so voller Schmerz fühlst wie am Anfang.

In den letzten Wochen hast du dich intensiv mit dir selbst auseinandergesetzt. Ich hoffe, du fühlst dich mittlerweile ein bisschen besser als noch vor vier Wochen und bist in der Phase der Akzeptanz angekommen, in der du die Veränderungen in deinem Leben annehmen und akzeptieren kannst.

Und ich wünsche dir von Herzen, dass du dich jetzt wieder sicherer und nicht mehr so voller Schmerz fühlst wie am Anfang. Und, aller guten Dinge sind drei: Ich hoffe, du konntest dein „Vorher", also das Vergangene, hinter dir lassen und loslassen.

Deine Aufgabe für heute ist deine letzte Aufgabe in unserer gemeinsamen Zeit.

Sie lautet: Schreib dir selbst einen Brief. Jetzt denkst du dir vielleicht: „Oah nö, muss das sein? Das kostet mich voll viel Überwindung und ein bisschen peinlich ist das doch irgendwie auch." Das ist gar nicht so schwer, wie es klingt. Wir gehen mal zusammen durch, was in diesen Brief reinkann. Denk mal an die letzten Wochen zurück und versuch in Worte zu fassen, wie du dich fühlst, da wo du heute stehst. Jahaaa, ich weiß, da fällt einem immer noch nicht unbedingt ein, wie man so einen Brief anfangen soll. Das schaffen wir aber zusammen.

Also: Sprich in diesem Brief mit dir selbst, wie mit einem guten Freund oder einer guten Freundin. Das kann auch lustig sein, ganz so, wie du dich gerade fühlst.

Zum Beispiel: „Lieber Johannes, meine Güte, weißt du noch, vor vier Wochen, da ging es dir wirklich richtig, richtig schlecht, was hast du da gelitten, die Welt war für dich am Ende und du am Boden. Wenn ich dir damals erzählt hätte, dass du dich wieder aufrichten wirst, du hättest mich wahrscheinlich für verrückt erklärt. Aber jetzt schau dich mal an! Was du in den letzten Wochen alles über dich gelernt hast. Das ist wirklich beachtlich, du kannst stolz auf dich sein."

So oder so ähnlich könnte auch dein Brief an dich selbst klingen. Und wenn du gerade das Gefühl hast, dass die Krise doch noch nicht ganz ausgestanden ist, absolut in Ordnung, dann ist der Brief eine gute Gelegenheit, dir noch ein bisschen Mut für die letzten Meter zuzusprechen.

Vielleicht auch für den Fall, dass du einen Rückfall in alte Muster hast, das passiert den Besten, keine Sorge. Und für solche Rückfälle könntest du dir in deinem Brief an dich selbst auch Tipps geben: „Johannes, wenn du wieder mal denkst, es geht nicht mehr, dann ruf die Doris an, die weiß, was du gerade durchmachst, und baut dich wieder auf."

Es geht nicht darum, von nun an alles immer perfekt zu machen, sondern zu erkennen, wenn du dich selbst aufs Glatteis führen willst, und dann gegenzusteuern. Natürlich ist da auch mal der ein oder andere Ausrutscher dabei. Trotzdem ist alles besser, als einfach in den alten Mustern zu bleiben.

Ach ja: Aber nicht vergessen, egal, was du schreibst: Geh gut mit dir um, wertschätzend und liebevoll. Und wenn du fertig bist, dann packst du den Brief an einen Ort, an dem du ihn immer wiederfindest. In deinen Krisen-Notfallkoffer, den wir am Anfang der Woche zusammen gepackt haben, zum Beispiel. Vielleicht legst du ihn auch in die Nachttischschublade, irgendwo wirst du den richtigen Aufbewahrungsort schon haben. Ich finde es auch total okay, davon ein Foto zu machen, dann hast du ihn auch immer dabei.

Und wenn du ihn dann brauchst, kannst du ihn dir immer wieder selbst laut vorlesen, dir Mut machen und dich daran erinnern, dass du keine Raupe mehr bist, es auch gar nicht sein möchtest, sondern der schöne Schmetterling, der bereit ist, die Welt zu erkunden. Wer es maskuliner braucht, meinetwegen auch der dunkle Nachtfalter, Batman-Style.

Wenn du möchtest, kannst du deinen Brief auf das Aufgabenblatt, hier ins Buch, schreiben schreiben. Aber natürlich kannst du auch dein eigenes Papier verwenden, das wirst du wahrscheinlich eh brauchen, da der Brief wahrscheinlich ein wenig länger wird. Viel Spaß beim Schreiben!

Dein Brief an dich!

Mein Brief an mich:

am _____

Ist das nicht irre, dass du es bis hierher geschafft hast?
Ich freue mich für dich!

Wahnsinn, in den vergangenen 30 Tagen haben wir echt viel zusammen erlebt, oder? Wir haben richtig viel durchgemacht und ich sage das wirklich ganz bewusst: wir! Das ist ein Weg, den wir zusammen gegangen sind, wir haben gemeinsam an uns gearbeitet, einiges über uns gelernt, vielleicht sogar das eine oder andere Mal geweint, aber hoffentlich auch ab und zu zusammen gelacht.

Denn all die Übungen, Gedanken aufzuschreiben, Dinge zu hinterfragen, all das habe ich auch gemacht, ich weiß, wie es sich anfühlt, und ich hoffe, es hilft dir genauso sehr, wie es mir geholfen hat.

Ich hoffe sehr, dass du die Krise mittlerweile akzeptiert und angenommen hast. Das ist der wirklich große und für viele schwere Schritt. Du weißt ja, wenn wir die Vergangenheit hinter uns lassen können, dann schafft man es auch, sich wieder aufzurappeln.

In den letzten 29 Tagen hast du auf jeden Fall damit angefangen, an dir zu arbeiten. Und ich finde, du bist schon einen großen Schritt vorangekommen, denn du bist heute hier!

Und das ist allein dein Werk. Du hast das geschafft, niemand sonst. Hättest du vor vier Wochen gedacht, dass du an diesen Punkt kommen würdest und so stolz auf die letzten Tage zurückblicken kannst? Ich wünsche dir von Herzen, dass du stolz auf dich bist – ich bin es auf jeden Fall. Denn jeden Tag so ehrlich und intensiv an sich zu arbeiten, all die Aufgaben zu bewältigen, das erfordert richtig viel Mut und Kraft – und schau mal, wie viel davon in dir steckt. Ja, wie viel davon schon immer in dir gesteckt hat! Toll, oder? Also ich finde das wirklich richtig, richtig stark!

Heute, in unserer letzten langen Einheit, wollen wir noch einmal gemeinsam zurückschauen auf das, was wir erreicht haben. Was du erreicht hast.

In der ersten Woche unserer gemeinsamen Reise haben wir darüber gesprochen, was eine Krise eigentlich ist und welche verschiedenen Arten von Krisen es gibt, zum Beispiel die Veränderungskrisen, die immer dann eintreten können, wenn große Veränderungen im Leben auftauchen, wie die Geburt eines Kindes, eine Scheidung oder auch ein neuer Job.

Wir haben aber auch über die Bilanzkrise gesprochen, die viele gerne als Midlife-Krise ein wenig abtun. Diese Krisen sind aber ernste und schwere Phasen, die in der Mitte des Lebens auftreten können, wenn man zum ersten Mal Bilanz zieht und sich fragt, ob man eigentlich das Leben lebt, das man leben möchte.

Und dann sind da leider auch noch die existenziellen Krisen, wenn es an die eigene Existenz geht, wenn das eigene Leben in Gefahr ist, sei es nun emotional, wirtschaftlich oder gesundheitlich.

Wir haben aber auch festgestellt, dass es oft nicht ganz einfach ist, die eigene Krise zu 100 Prozent in diese Kategorien einzuordnen, da jede individuell ist und die Grenzen verschwimmen können. Aber wir haben natürlich trotzdem versucht, aus der Außenperspektive auf alles zu schauen, um herauszufinden, was eigentlich gerade Sache ist bei dir, in deinem Leben.

Das ist übrigens eine gute Übung, die du dir auch in der Zukunft, nach diesem Coaching, immer wieder vornehmen kannst, denn oft wissen wir nämlich gar nicht, was eigentlich gerade mit uns los ist, warum wir uns nicht wohlfühlen oder traurig sind. Ich mache das auch immer wieder selbst. Sonst ist es dann so wie bei manchen Menschen im Freundeskreis, die immer, wenn man sie fragt, was denn mit ihnen los sei, sagen: „Ach, (Seufzer), ich weiß auch nicht." Aber es ist wichtig, dass wir wissen, was mit uns los ist. Dass wir unsere Gefühle benennen können und uns das auch zugestehen. Meine Mutter hat immer schon, als ich ein Kind war, zu mir gesagt: „Johnny, wenn du es benennen kannst, dann hat das Gefühl nicht mehr die Macht über dich, dann hast du sie dir zurückerobert."

Das finde ich enorm, dass sie das so gesagt hat, denn gerade Menschen früherer Generationen haben ja leider oft noch immer große Probleme damit, ihre Gefühle zuzulassen. Nicht, weil sie keine hätten, sondern weil sie so erzogen worden sind, Gefühle konsequent zu unterdrücken, genau wie Tränen oder Schmerz. Aber du kannst das, du darfst das. Gefühle sind ein Teil von uns und wir dürfen, ja wir müssen ihnen Raum geben, denn sonst explodieren wir irgendwann, weil sich so viel aufgestaut hat. Das alte Problem! Es fallen mir sofort zehn Menschen ein, bei denen das vorgekommen ist und wahrscheinlich auch wieder vorkommen wird. Dir fallen da bestimmt auch einige entsprechende Personen ein.

So, aber zurück zum Thema. Was haben wir noch in der ersten Woche erlebt? Richtig, etwas ganz, ganz Wichtiges. Wir haben unsere Krise anerkannt und Abschied von der Vergangenheit genommen. Von dem, was vorher war. Wir haben uns ganz bewusst an die vergangene Zeit erinnert, aber uns gleichzeitig dazu verpflichtet, anzuerkennen, dass dieser Abschnitt unseres Lebens unwiederbringlich zu Ende ist. Wir haben die Realität anerkannt. Erinnere dich mal daran zurück, das war am fünften Tag unserer gemeinsamen Reise und bestimmt ganz schön hart für dich. Aber wie geht es dir heute damit, rückblickend? Was empfindest du, wenn du jetzt auf den Abschied zurückschaust? Tut es noch sehr weh? Oder ist es vielleicht nur noch ein dumpfes Gefühl, das dich ein bisschen in der Magengegend zwickt? Oder empfindest du vielleicht sogar schon ein bisschen Stolz, dass du aus dem Loch raus bist? Dass du das alles hinter dir gelassen hast? Vielleicht sogar Erleichterung? Ich möchte, dass du dir jetzt mal ganz kurz drei, vier Minuten Zeit nimmst und an den Abschied zurückdenkst. Vielleicht schnappst du dir auch dein Notizbuch oder ein Blatt Papier. Und nun vervollständige einfach mal den Satz:

♡

Ein paar Minuten reichen

„WENN ICH AN DEN ANFANG MEINER KRISE ZURÜCKDENKE,
DANN FÜHLE ICH ..."

_____

_____

_____

_____

_____

_____

_____

_____

_____

_____

_____

_____

_____

_____

_____

_____

_____

_____

_____

_____

_____

Sehr gut. Ich bin mir sicher, du bist mit dem, was du aufgeschrieben hast, zufrieden. Vielleicht steht da, dass du stolz und glücklich bist, das wäre natürlich total super. Aber vielleicht steht da auch, dass du noch nicht überm Berg bist, dass es dir schon besser geht, aber dass es immer noch wehtut – und das ist okay. Jeder verarbeitet Krisen im eigenen Tempo, da gibt es kein Richtig und kein Falsch. Sieh es eher als eine Art Zwischenstand, den du jetzt in regelmäßigen Abständen abfragst. Das nächste Mal zum Beispiel in vier Wochen. Und ich bin mir sicher, dann wird da wieder etwas anderes stehen, und zwar, dass alles besser geworden ist.

So, nun kommen wir aber erst mal zu Woche 2. Du erinnerst dich vielleicht, damals haben wir über die Metamorphose von der Raupe zum Schmetterling und die vier Phasen der Krise gesprochen. Kurz zusammengefasst: Phase 1: der Schock; Phase 2: die Reaktion auf den Schock; Phase 3: die Bearbeitung der Krise, in der man sie akzeptiert, annimmt und nach Lösungen sucht. Und Phase 4: die Neuorientierung.

Damals haben wir auch versucht, deinen aktuellen Standpunkt auf dieser Reise zu bestimmen, damit du herausfinden kannst, wo du stehst, wie viel des Weges du schon hinter dir hast und wie viele Meter du noch zu gehen hast. Ich weiß natürlich nicht, wo du dich damals, an Tag 10, eingeordnet hast. Aber ich schlage vor, dass du heute diese Frage noch einmal beantwortest, und dafür möchte ich dir noch mal zwei Minuten geben, in denen du dir diese Frage noch einmal stellst. Was glaubst du: Bist du schon in der dritten Phase angekommen und dabei, deine Krise zu bearbeiten und aufzulösen? Oder bist du vielleicht schon in Phase vier angekommen, der Neuorientierung? Wo siehst du dich heute? Suche dir einen ruhigen Ort und etwas Zeit für dich.

WO STEHST DU JETZT? IN WELCHER PHASE DER KRISE STECKST DU? BIST DU SCHON ÜBER DEM BERG?

_____

_____

_____

_____

_____

_____

_____

_____

_____

_____

_____

_____

_____

_____

_____

_____

_____

_____

_____

_____

Na, wie fühlt es sich an, deinen aktuellen Standort zu ermitteln? Bist du zufrieden mit dem Ergebnis? Hättest du dir mehr gewünscht oder könnte es vielleicht gar nicht besser sein? Dass du die Einordnung geschafft hast, ist auf jeden Fall schon mal klasse. Vermutlich siehst du jetzt, dass du schon auf einem sehr guten Weg bist und dem Schmetterling noch viel,

viel näher bist als vielleicht noch vor ein paar Wochen. Und ich bin mir sicher: Falls du noch nicht angekommen bist, die letzten Meter schaffst du auch noch. Ich glaube ganz fest an dich!

Abgesehen von den verschiedenen Phasen der Krise haben wir in der zweiten Woche aber noch zwei elementare Dinge gelernt, die sich auch in Zukunft lohnen, weil sie dich unglaublich stärken und stabilisieren.

Punkt 1: Sei immer, immer, immer gut zu dir und sprich mit dir wie mit einem Freund oder mit einer Freundin. Denn: Wir machen uns selbst alle viel zu oft fertig. In der Krise, aber auch sonst. Aber mit unserer besten Freundin oder unserem besten Freund würden wir nie im Leben so respektlos sprechen und sagen: Meine Güte, wie siehst du schon wieder aus und was kannst du eigentlich? Das würde uns im Traum nicht einfallen. Darum: Sei dir in Zukunft der allerbeste Freund, den man auf der Welt haben kann, und sprich auch in Gedanken immer liebevoll mit dir. Es braucht ein bisschen Übung, ich weiß, aber irgendwann hast du die neue Selbstansprache drauf und fängst an, dir selbst bedingungslos und liebevoll den Rücken zu stärken. Du bist dann dein eigener Rückhalt, dein eigener Fels in der Brandung. Toll, oder?

So, was war noch los in Woche 2?

Richtig: Wir wollen Rituale beibehalten, die uns vor der Krise wichtig waren und immer noch sind – oder diese Rituale durch neue Gewohnheiten ersetzen, die den alten ähneln. Nicht, um in der Vergangenheit zu schwelgen, nein, sondern um uns selbst zu zeigen: Alles klar, du hast nicht alles verloren, es ist nicht alles anders. Du erinnerst dich vielleicht an die Beispiele, also sich zum Beispiel trotzdem weiter jeden Morgen normale Sachen anzuziehen, statt den ganzen Tag im Schlafanzug abzuhängen. Ich empfehle dir, diese Rituale erst mal beizubehalten. Wenn du irgendwann feststellst, dass es Zeit ist, sie gehen zu lassen, zum Beispiel, wenn du dabei bist, dich neu zu orientieren oder dich umzuorientieren, dann wirst du es schon merken.

Und schon kommen wir zur dritten Woche. Was war da noch mal los? Ich muss da auch kurz nachdenken. Hahahaha. Richtig, du hast ein gutes Gedächtnis. Da ging es um das schöne Modewort Resilienz. Wir haben festgestellt, dass dahinter nichts anderes steckt als unsere psychische Widerstandsfähigkeit. Ein Begriff, der erst mal etwas schräg klingt, aber eigentlich nur bedeutet, dass wir stark durchs Leben gehen und alle Krisen, die auf uns zukommen, meistern, bewältigen und daran wachsen können, weil wir jede Menge Ressourcen und Strategien dafür parat haben.

Mein Lieblingsbeispiel dafür ist das Autofahren: Es regnet, kein Problem, wir haben ja Scheibenwischer. Draußen dunkel, ha! Da hat doch jemand Schlaues irgendwo Licht eingebaut, ach ja und bremsen, da gab es doch irgendwas, wo ich drauftreten kann und dann steht die Karre. Das Auto ist also auf verschiedene Situationen vorbereitet. Und so ist es bei unserer Psyche, also unserem inneren Gerüst, auch, aber statt Bremse und Licht haben wir andere Ressourcen und Strategien, also Mittel und Wege, um mit einer Krise umzugehen. Und das Tolle ist, so, wie man ein Auto aufrüsten kann und die alten Boxen durch ein neues Soundsystem ersetzen und upgraden kann, können wir auch unsere Resilienz trainieren, und zwar die sieben Säulen der Resilienz, die sich schlaue Psychologen ausgedacht haben. Sie sind das Rüstzeug, das uns dazu befähigt, uns stark und selbstwirksam zu fühlen und vertrauensvoll in die Zukunft zu blicken – also genau das, was wir erreichen wollen. Welche müssen wir da noch mal im Kopf behalten? Kein Problem, ich wiederhole sie noch mal im Superschnelldurchlauf:

1. DIE AKZEPTANZ

Das bedeutet, dass du in der Lage bist, eine Krisen- oder Stresssituation zu akzeptieren, statt sie zu verleugnen, wegzusehen oder schönzureden. Haben wir ja vorhin auch schon drüber gesprochen.

2. DIE LÖSUNGSORIENTIERUNG – AUCH GANZ WICHTIG!

Heißt: Wenn eine Stress- oder Krisensituation auftaucht, schaust du nicht nur auf das Problem und sagst „Oh Gott, oh Gott, was passiert hier mit mir?", sondern auf die Lösung und siehst zu, dass du alles daransetzt, aus der Klemme wieder rauszukommen.

3. CIAO, OPFERROLLE

Du erinnerst dich: In Zukunft wollen wir uns nicht mehr als Opfer sehen und jammern, sondern, und da kommen wir zu Punkt 4:

4. DU ÜBERNIMMST VERANTWORTUNG FÜR DAS, WAS DU TUST.

5. DIE NETZWERKORIENTIERUNG

Ein Wort, das sehr technisch klingt, aber etwas Wunderbares meint: nämlich dass du dir ein liebevolles, positives Umfeld aufbaust, aus ganz vielen tollen Menschen, die dich stärken. Dazu kommen wir später auch noch mal. Jetzt springen wir aber erst mal zum sechsten Punkt, dem

6. OPTIMISMUS

Damit ist gemeint, dass du an dich glaubst, und zwar ernsthaft, dass du dazu in der Lage bist, eine Krise oder eine Herausforderung zu meistern. Und damit kommen wir auch schon zum letzten Punkt im 7-Säulen-Modell der Resilienz: die

7. ZUKUNFTSPLANUNG

Also die Fähigkeit, in die Zukunft zu schauen, damit du Probleme bestenfalls früher erkennst und dich darauf vorbereiten kannst, damit sie dich nicht total überfahren. Über die Zukunft sprechen wir gleich auch noch mal, aber erst mal sind wir durch mit den sieben Säulen.

Meine Güte, auch im Schnelldurchlauf ist das Modell immer noch ganz schön ausführlich, oder? Aber es ist halt auch unglaublich wichtig, denn mit diesem Rüstzeug bist du für die Zukunft richtig gut gewappnet. Für die Zeit nach der Krise, und auch auf die haben wir uns in den letzten Tagen vorbereitet, mit kleinen Übungen, die dir gezeigt haben, welche Krisen du schon alle gemeistert hast, und mit einem Blick auf deine vielen tollen Fähigkeiten und Eigenschaften, die du alle längst in deiner inneren Vorratskammer stehen hast. Vielleicht erinnerst du dich ja noch an die Einheit bei mir in der Küche, an all die Fähigkeiten, die du aufgeschrieben hast. Auf die kannst du jederzeit zurückgreifen.

Wirklich spannend wurde es auch noch mal in Woche 4, denn da haben wir einen ganz tollen und praktischen Notfallkoffer für schlechte Zeiten gepackt. Denn wir haben ja schon festgestellt, dass uns Krisen jederzeit treffen können – und die nächste kommt bestimmt. Sie passieren dir, mir, uns allen. Und nur weil man gerade eine Krise hatte oder einem schon mal etwas Schlimmes widerfahren ist, heißt das leider nicht, dass man dadurch vor der nächsten kleinen oder großen Katastrophe geschützt ist. Da kann das Karmakonto noch so im Plus sein oder die Lebensbilanz noch so „Alter, jetzt habe ich aber auch mal Ruhe verdient" schreien: Das nächste Ding kommt bestimmt. So ist das Leben eben, wir sind alle nicht davor gefeit.

Aber wir haben ja zum Glück auch darüber gesprochen, dass selbst in der Krise Chancen liegen. Dass wir Krisen sogar brauchen, um uns immer und immer weiterzuentwickeln, um uns neu zu erfinden, um unsere Komfortzonen zu verlassen und von der Raupe zum Schmetterling zu werden. Krisen haben eine wahnsinnige Energie und stärken uns, auch wenn es sich beim Durchstehen alles andere als so anfühlt. Glaub mir – das hatte ich ja vorher, meine ich, schon mal gesagt, das war sogar an Tag 23, oder? Dass ich Menschen begleiten durfte, denen so viel Schlimmes passiert ist, dass ich dachte: Wie können die denn bitte noch lächeln? Aber genau diese Menschen genießen ihren Kaffee am Morgen noch etwas intensiver und gehen bewusster in den Tag als viele Menschen, bei denen es das Schicksal bisher gut meinte.

Aber trotzdem kann es ja nicht schaden, auf die nächste Krise vorbereitet zu sein, dank unserer frisch gestärkten Resilienz, aber vor allem mit unseren wunderbaren Krisenstrategien, die wir eben an Tag 23 dieser gemeinsamen Reise aufgeschrieben haben. Auf die können wir bei der nächsten Ohrfeige, die uns das Universum erteilt, gleich zurückgreifen und wissen sofort: Alles klar, diese Person hat mir beim letzten Mal Kraft gegeben, diese Aktivitäten haben mir gutgetan und, genau, nicht in die Opferrolle fallen, akzeptier die Situation und such nach Lösungen. Je öfter du dir diese Dinge in Erinnerung rufst, desto automatischer blenden sie sich irgendwann ein, wenn du vor einer Herausforderung stehst. Wie eine Stimme, die aus dem Off ruft: „Nee, nee, jetzt nicht schon wieder alles verleugnen und schönreden, die Kacke ist am Dampfen und je eher du das akzeptierst, desto eher kommen wir da wieder raus."

So, nun wollen wir aber in die Zukunft schauen. In die Phase der Neuorientierung, dorthin, wo wir seit Beginn dieses Coachings hinwollen. Und schon sind wir hier und stellen uns gemeinsam die Frage: Wie geht es jetzt weiter? Was hält die Zukunft für dich bereit?

Die Antwort ist simpel: Die Zukunft hält alles für dich bereit. Alles, was du anpackst. Denn du hast ja gelernt, dass dein Leben allein in deiner Hand liegt. Dass du allein bestimmst, wo die Reise hingeht, wohin der Schmetterling fliegt und ob er sich traut, auch unbekanntes Terrain anzusteuern und Neues auszuprobieren. Oder ob er lieber erst mal entspannt und um das schon gut bekannte Blatt herumflattert, das er noch aus den guten alten Raupenzeiten kennt. Das ist natürlich allein dir überlassen, vor allem auch, in welchem Tempo du durchstarten möchtest.

Aber in der letzten Woche haben wir ja schon ein bisschen über die Phase der Neuorientierung gesprochen. Vielleicht schaust du dir gerade noch mal die Aufgabenblätter von Tag 24, 27 und 28 an. Hahahahaha, das ist wie in der Schule: „Soooo, liebe Kinder, dann holt jetzt bitte einmal eure Arbeitshefte raus, Hausaufgabenkontrolle." Horror! So schlimm ist das hier natürlich nicht. Wenn du es mal nicht geschafft hast, einen Tag das Aufgabenblatt auszufüllen, dann kannst du es natürlich jederzeit nachholen.

Dann lass uns jetzt mal auf die drei Aufgabenblätter schauen. An Tag 24 ging es um die Komfortzonen, von denen wir uns lösen wollen, an Tag 27 ging es um ungelebte Träume, die wir uns aus Angst nie getraut haben, anzugehen und zu leben, und an Tag 28 ging es um Miniabenteuer, die wir gerne mal erleben würden. Am besten, du schaust dir die drei Aufgabenblätter an und lässt jedes einzelne zwei Minuten auf dich wirken. Schau dir mal ganz genau an, was da alles steht, was du gerne loslassen möchtest und was du alles noch erobern willst.

Na, welche Gedanken gehen dir gerade durch den Kopf? Vielleicht das Wort „krass"? So geht es mir auf jeden Fall. Denn im Prinzip hast du hier eine richtige Liste mit Anweisungen liegen von all den Dingen, die du dir wünschst, auf die du richtig Lust hast. Auf all die Dinge, die dein zukünftiges Leben füllen und erfüllen könnten. Toll, oder? Ist das nicht ein wunderbares Gefühl? Wann hast du das alles das letzte Mal zugelassen? Bestimmt nicht damals, in deinem alten Raupenleben, oder?

Auch wenn dein Herz gerade ganz aufgeregt klopft, ist da noch diese andere blöde Stimme in deinem Kopf, die flüstert: „Das ist doch nichts für dich, du machst dir nur was vor." Oder: „Dass ich nicht lache, dafür bist du doch viel zu alt, zu blöd, zu feige oder zu was auch immer." Eine Stimme, die sagt: „Das kannst du nicht!" Ja, diese Stimme wird kommen und sie wird dir immer wieder begegnen und dir reinreden. Und du kannst sie meinetwegen auch registrieren und sagen: „Aha", aber dann gehst du weiter deinen Weg und ignorierst deine innere Spaßbremse. Denn genau das will die Stimme bezwecken: Sie will dir den Spaß verderben und dich da behalten, wo sie dich immer gut im Blick hat: nämlich in der sicheren, risikofreien Komfortzone. Aber hey: Am Ende geht's nun mal nicht darum, ein möglichst leichtes Leben ohne Risiko zu führen, in dem du niemals scheiterst, sondern es geht darum, ein erfülltes Leben zu führen, das bis zum Anschlag voll ist mit Glücksmomenten, mit Neugier, mit neuen Abenteuern, mit guten und schlechten Erfahrungen, mit Scheitern und Erfolg.

Und für dieses neue Leben möchte ich dir gerne noch ein paar Dinge mit auf den Weg geben:

ACHTE AUF DICH, NEUDEUTSCH: SELFCARE

Während der letzten Wochen haben wir ja schon darüber gesprochen, wie wichtig es ist, dass du lernst, auf dich und deine Bedürfnisse zu achten. Und das möchte ich dir auch für die Zukunft ans Herz legen. Denn wenn du in Balance, ausgeglichen und entspannt bist, dann kommst du nicht nur besser durch den Alltag, sondern du bleibst auch mental entspannt. Dann kann dich nichts und niemand aus der Ruhe bringen, na ja, oder zumindest nicht so schnell. Und darum solltest du dir auch weiterhin mindestens einmal die Woche ein Date mit dir selbst gönnen. Das können ein paar Stunden sein, in denen du einem tollen, energiespendenden Hobby nachgehst, vielleicht gönnst du dir eine Massage und ein paar Saunagänge – auch herrlich, ich liebe ja Sauna und Dampfbad – oder du lehnst dich einfach ganz entspannt zu Hause zurück, verkrümelst dich mit einem guten Buch auf die Couch oder schaust einen Film oder eine Serie an – und zwar ohne dass deine Partnerin oder dein Partner danebenhockt, mitbestimmen will oder über deinen Film- und Seriengeschmack urteilt. An diesem Abend sollte es nur um dich und deine persönlichen Bedürfnisse gehen, um ein paar Stunden, in denen niemand stört oder Ansprüche an dich stellt. Glaub mir, du wirst diese

Abende richtig schnell zu schätzen lernen, wie einen Goldschatz, der nur dir gehört und deine Akkus wieder auflädt. Gönn dir diese Abende! Du hast sie dir verdient! Und noch ein kleiner Tipp fürs schlechte Gewissen: Lieber ab und zu so ein Abend und dann erholt und entspannt für die anderen da sein können, als immer zu versuchen, alle anderen glücklich zu machen, und dann ab einem Punkt völlig alle zu sein und dann irgendwann gar nicht mehr für andere da sein zu können. Verstehst du?

So, kommen wir zum nächsten unglaublich wichtigen Punkt:

PFLEGE DEINE BEZIEHUNGEN

In den letzten Wochen haben wir darüber gesprochen, wie wichtig es ist, sich ein gutes Netzwerk aufzubauen. Du erinnerst dich: Die Netzwerkorientierung gehört zu den sieben Säulen der Resilienz. Also zu den Basics unserer psychischen Widerstandskraft. Denn wenn du enge Bezugspersonen um dich hast, die gut mit dir umgehen, dich respektieren und positiv beeinflussen, dann sorgt das für Widerstandskraft. Andere Menschen machen uns stark, denn sie sind für uns da und halten uns den Rücken frei. In Krisen, aber auch an jedem anderen Tag des Jahres. Mit ihnen kannst du an dunklen Tagen weinen und dich anlehnen – aber, und darüber haben wir hier noch gar nicht gesprochen: Du kannst auch Spaß mit ihnen haben. Und zwar richtig viel! Bei einem guten Abendessen, einem gemeinsamen Hobby, einem Ausflug. Vielleicht schnappst du dir mal jemanden für einen Wochenendtrip an den See oder meinetwegen auch nach Paris oder sonst wohin.

Wenn du tolle Menschen in deinem Umfeld hast, kannst du richtig viel erleben und vor allem tolle gemeinsame Stunden verbringen, die dich innerlich nicht nur stark machen und dir ein Gefühl von Sicherheit und Geborgenheit schenken – viel mehr noch, diese Momente werden dich auch von innen heraus erleuchten. Jetzt nicht spirituell, sondern eher, weil da wieder ein Feuer in dir ist. Das Feuer, das von der Krise erstickt wurde, das kannst du wieder anzünden. Mit lustigen Momenten, mit tollen Erlebnissen, mit kleinen und großen Abenteuern. Und dazu möchte ich dich auch heute wieder ermutigen: dich mit tollen, wertschätzenden Menschen zu verabreden. Und ja, wenn dir da gerade noch niemand einfällt, der so ein Freund oder so eine Freundin werden könnte: Das ist gar kein Problem. Es gibt so viele Orte, an denen du anderen begegnen, neue Freundschaften schließen und auch noch eine schöne Zeit verbringen kannst. Hier sind meine Top 3 für dich:

1. Ehrenamtlich Helfende werden ständig gesucht und die Projekte sind eine super Möglichkeit, um neue Leute kennenzulernen. Du könntest zum Beispiel im Tierheim aushelfen oder dich für geflüchtete Menschen engagieren. Auch bei der Tafel oder der Obdachlosenhilfe werden immer wieder helfende Hände gesucht. Mal ganz abgesehen davon, dass du bei dieser Arbeit vielen Menschen etwas Gutes tust, lernst du auch noch neue Menschen kennen. Und außerdem sagt man ja: Helfen hilft, den anderen und dir selbst. Einfach weil es so guttut, auch mal etwas zurückzugeben.

2. Sportvereine sind eine wunderbare Möglichkeit, um neue Menschen kennenzulernen. Vor allem Teamsportarten wie Volleyball sind eine tolle Möglichkeit, um mit anderen in Kontakt zu treten und Teamwork zu trainieren. Aber auch nach anderen Sportarten und Kursen kann man gut ins Plaudern kommen und sich nach dem Training noch auf ein erfrischendes Getränk verabreden. Das Tolle ist, dass es schon mal einen festen Termin

gibt, wann ihr euch immer trefft. Und: Du tust in dieser Zeit auch noch etwas für dich und deine Gesundheit. Da schlägt das Herz von uns Medizinern natürlich gleich noch ein bisschen höher, ist ja klar. Und, so viel kann ich dir versichern: Selbst wenn du gerade noch aus der Form bist, wenn du erst mal im Training bist und Woche für Woche spürst, wie du fitter und stärker wirst, dann stärkt das auch dein Selbstbewusstsein enorm. Und dann kommen wir natürlich auch noch einmal zum Thema Selfcare zurück: Sport baut Stress ab. Also schau dich gerne mal um, was dir vielleicht Spaß machen könnte.

3. Neben Sportkursen gibt es noch jede Menge andere tolle Kurse, für die du dich anmelden kannst. Ganz egal ob fürs Kochen, Tanzen oder für Sprachen – sie sind eine super Möglichkeit, um neue Leute kennenzulernen. Schau einfach mal ins Angebot der Volkshochschule, ob dir bei der Kursauswahl etwas besonders gut gefällt. Und das Geniale daran ist, dass du auch noch etwas Neues lernst. Denken wir mal kurz zurück an die 5-Minuten-Abenteuer, die wir uns eben noch mal vorgenommen haben. Ich persönlich liebe es ja, neue Dinge zu machen und zu erleben, ob nun zu Hause oder im Urlaub. Und ich muss sagen, auch wenn man manchmal ein paar Gedanken hat wie: „Oh, jetzt muss ich da allein hin und kenne dort niemanden, hoffentlich wird das nicht total unangenehm …", ich verspreche dir, den anderen geht es genauso wie dir und das wird sich ganz schnell geben. Spätestens beim dritten Kurstermin kennst du alle anderen beim Vornamen, man tauscht sich aus und geht danach noch eine Limo oder ein Glas Wein trinken. Es lohnt sich, die innere Stimme – du weißt ja, ich nenne sie gerne unsere innere Spaßbremse – zu überwinden. Du weißt doch jetzt: Du hast schon so viel geschafft und überwunden. Da macht dir das doch nichts mehr aus, oder? Du schaffst das, trau dich!

So: Und damit haben wir es tatsächlich geschafft. Das 30-Tage-Coaching ist vorüber und du hast wirklich wahnsinnig viel geleistet. Ich bin richtig stolz auf dich und finde es toll, dass du am Ball geblieben bist, dich aufgerappelt und die Sache durchgestanden hast. Du kannst stolz auf dich sein! Und ich freue mich riesig für dich.

Das ist jetzt der Punkt, wo ich mich als dein Krisenbegleiter abmelde. Ich mache das aber mit einem guten Gefühl, da ich mir sicher bin, dass du auch allein wunderbar zurechtkommst. Und wenn du doch mal ein Tief haben solltest: Erinnere dich an deinen Notfallkoffer, vielleicht schnappst du dir auch den Brief, den du dir gestern geschrieben hast.

Und natürlich bleibt es dabei: Wenn es dir schlecht oder auch mal richtig mies geht, ist es total in Ordnung, wenn du dir professionelle Hilfe holst. Ob von einem Therapeuten, deinem Hausarzt oder ob du mal bei der Telefonseelsorge anrufst. Wenn gar nichts mehr geht, kannst du sogar in die nächste Notaufnahme gehen. Auch da sind Menschen für dich da. Es gibt wirklich keinen Grund, das nicht zu tun, dafür sind die Profis schließlich da. Das ist ihr Job und den machen sie gern.

Und nun kommen wir auch schon zu meinem letzten Rat, der auch mir immer sehr geholfen hat:

Bleib immer bei dir! Vertrau auf dich und deine Stärke. Du bist toll und hast jedem Sturm des Lebens eine Menge entgegenzusetzen.

Ich wünsche dir alles erdenklich Gute! Bis bald!

IMPRESSUM

© 2021 GRÄFE UND
UNZER VERLAG GmbH, München

Alle Rechte vorbehalten. Nachdruck,
auch auszugsweise, sowie Verbreitung
durch Bild, Funk, Fernsehen und Inter-
net, durch fotomechanische Wieder-
gabe, Tonträger und Datenverarbeitungs-
systeme jeder Art nur mit schriftlicher
Genehmigung des Verlages.

Unter Mitarbeit von Ina Volkmer

Projektleitung: Christof Klocker
Bildredaktion: Nele Schneidewind
Umschlaggestaltung und Layout:
ki 36 Editorial Design, Lea Thon
Herstellung: Markus Plötz
Satz: Nadine Thiel
Repro: Ludwig Media, Zell am See
Druck und Bindung:
F&W Medien, Kienberg

ISBN 978-3-8338-8508-2

1. Auflage 2021

Die GU-Homepage finden Sie unter
www.gu.de

Bildnachweis

Cover: Robert Grischek, Hamburg
Illustrationen und Grafiken:
ki 36 Editorial Design, Lea Thon
Autorenfoto: Peter Lund

Umwelthinweis

Nachhaltigkeit ist uns sehr wichtig.
Der Rohstoff Papier ist in der Buch-
produktion hierfür von entscheidender
Bedeutung. Daher ist dieses Buch auf
PEFC-zertifiziertem Papier gedruckt.
PEFC garantiert, dass ökologische,
soziale und ökonomische Aspekte in
der Verarbeitungskette unabhängig
überwacht werden und lückenlos
nachvollziehbar sind.

Ein Unternehmen der
GANSKE VERLAGSGRUPPE